oasis

질 퍼마노브스키 JILL FURMANOVSKY
노엘 갤러거 NOEL GALLAGHER

oasis

TRYING TO FIND A WAY
OUT OF NOWHERE

1994 – 2009 / 2025

서해문집

CIGS & ALCOHOL

E C..B..E stop

4 CYCLES GUITAR THEN
WITH DRUMS E..E.. (run)

E..E..F#.A
E..E.. (run)
E..E.F#.A
E..E..
A.E..A.E
A.E..D.A
F#.G.D.A.E.F#.G.D.A (REPEAT)

DON'T LOOK BACK IN ANGER

INTRO PIANO

VERSE C.G.A.E.G

VERSE C.G.A.E.F.G.C.A.G
VERSE C.G.A.E.F.G.C.A.G. •
C.G.A.E.F.G.C.A.G.
BRIDGE F.C..F.C.F.C..G..G#
A.G.F#.G
CHORUS C.G.A.E.F.G.C.A.G. •
C.G.A.E.F.G.C. (REPEAT THEN SOLO)
VERSE C.
CHORUS C.
.F.G.C.A.G.
.A.G.

BRIDGE F.C..F.C.F.C..G..G#
A.G.F#.G
CHORUS C.G.A.E.F.G.C.A.G.
C.G.A.E.F.G.C.A.G.
BRIDGE F.C..F.C.F.C..G..G#
• A.G.F#.G (DRUM ROLL)
CHORUS C.G.A.E.F.G.C.A.G.
VERSE C.G.A.E.F.G.C.A.G.
(SOLO) C.G.A.E.F.G.C.A.G.
C.G.A.E (REPEAT 2 THEN)
END ON
C

LIVE FOREVER

INTRO 4 BARS DRUMS
G.D.A.C.B
G.D.A.E.B
VERSE E.D.A.C.B
CHORUS G.D.A.C.D.F#
G.D.A.C.D
E.D.A.C.D
E.D.A.C.D
G.D.A.F#
G.D.A.C.D.
G.D.A.C.D.

LIVE FOREVER

CHORUS E..D.A.C.D
E..D.A.C.D.
VERSE G.D.A.C.D
D.A.C.D.
CHORUS E.D.A.C.D
E.D.A.C.D
OUTRO A.E

차례

서문

노엘 갤러거

1994년 콘 익스체인지에 질이 찾아왔을 때부터 우리는 질을 사랑했다. 무대 뒤 계단에서 질을 만났을 때, 나는 급식담당자 같다고 생각했다. 이 말은 모욕이 아니다. 오히려 칭찬이다. 우리 어머니도 급식담당자셨으니까! 아무튼, 내가 공연하느라 거의 얼이 빠져 있을 때, 한쪽 구석에 그 급식담당자가 전문가용 카메라를 들고 있었다. 당시 질은 《The Moment》라는 사진집을 만드는 중이었는데, 내게 그 초고를 보여줬다. 첫 번째 사진은 질이 학생일 때 찍은 사진이었는데, 집 밖에 나와 있는 폴 매카트니의 모습이 담겨 있었다. 질은 그 사진집을 한창 떠오르는 밴드 사진으로 끝맺고 싶어했다.

당시 우리 인기가 폭발적이었으므로, 딱 안성맞춤이었다. 그 첫 촬영 이후 질은 우리와 모든 일에 함께했다.

다시 말하지만 이건 절대로 모욕이 아닌데, 질은 마치 엄마 같았다. 우리 엄마랑 체격도 비슷했다. 우리 밴드에는 곁에서 함께 일하는 여성들이 항상 있었다. 우리 회사가 한 일 가운데 가장 현명한 일은, 많은 사람이 우리와 함께할수록 망할 것이라는 점을 이해한 것이었다. 우리는 질에게 매우 정중하게 대했다. 예술계 종사자들 사이에서는 보기 드물게도, 질은 자기 욕심이 거의 없는 사람이었다. 1990년대 우리는 약에 찌들어 밴드를 만든 철부지였다. 미친 짓도 꽤 벌였다. 하지만 질이 기분 나빠하는 모습을 본 적이 없다.

질은 엄청나게 시끄러운 세상에서 일하는 조용한 사람이다. 관객 속으로 사라지거나 무대 곁 그늘에 서 있거나 분장실 주변으로 따라다니는데, 질이 거기 있다는 사실을 잊어버리곤 한다. 나는 질이 곁에 있으면 정말 편안하고, 그녀를 전적으로 믿는다. 질은 최고다. 무슨 말인지 알겠지…? 질의 사진들을 볼 때면 항상 이렇게 생각한다. 그 젠장맞을 재킷을 어디 뒀더라…? 그 재킷 어디 뒀냐고?!

왜냐하면 질은 언제나 끝내주게 멋진 옷들만 입혀줬고, 내가 그 옷들을 찾으려면 꼬박 1년씩 걸렸으니까…. 시간이 흐르며 우정이 일보다 더 중요해졌고, 일도 더 잘되었다. 이제 질은 숫제 가족처럼 느껴진다. 내가 질을 존경하는 또 다른 장점은 직업의식이다. 질이 카메라 없이 있는 모습을 한 번도 본 적이 없다. 단 한 번도. 어쩌면 질은 잘 때도 카메라를 들고 있을지 모른다!

질은 모든 사람을, 모든 가능한 시나리오 안에서 촬영했다. 밥 딜런, 핑크 플로이드, 섹스 피스톨스, 블론디, 에이미 와인하우스 등. 그리고 질에게 1992년 큰 상을 안긴 찰리 와츠 초상은 정말 놀라운 작품인데, 내가 가장 좋아하는 사진이다. 나는 우리가 만나기 전에 이미 그 사진을 잡지에서 봤지만 몇 년 뒤에야 질의 작품임을 알게 되었다.

질의 작품은 아주 다양하다. 앨범 커버, 공연 실황 사진, 일상 사진, 폴라로이드 등 모든 것인 셈이다. 내 생각인데, 질을 단지 사진작가로만 여기면 안 될 것 같다. 스히폴 공항에서 찍은 사진은 내가 가장 좋아하는 사진이다. 우리는 완전히 고주망태로 취했었는데, 본헤드가 뜬금없이 수하물 컨베이어 벨트 위에 올라갔다. 질의 사진은 그 순간의 즉흥과 순수한 즐거움을 제대로 담아냈다.

그리고 1996년 맨체스터 메인 로드에서 열린 첫 번째 스타디움 공연을 찍은 사진도 정말 대단하다. 어릴 때 그 관중석에 있었고 여전히 그 팀을 응원하기에, 내게는 아주 의미가 깊다. 또한 그 사진은 그 시절을 압축한 것이기도 하다. 그리고 밴드와 관객의 관계에 관한 이야기도 담겨 있다. 그 사진은 스타디움에 있는 모든 사람의 마음과 영혼이 우리와 함께한다고 말해준다. 다른 것도 있다. 그것은 본능이자 일종의 마법이다. 그야말로, 바로 마법이다.

음악에 입문하는 사람은 대체로 콘서트에 가기에는 너무 어리지만, 사진을 보기에는 어렵지 않다. 따라서 록스타와 처음 만나는 접점은 사진이나 삽화일 텐데, 일반적으로는 사진이기 마련이다. 그러니 사진도 음악만큼 중요하다고 말할 수 있다. 새로운 음반을 살 때마다, 나는 그 커버를 몇 시간씩 뚫어지게 봤다. 어떤 식으로든 내게 말을 걸어주기를 기다리면서. 그 안에 담긴 의미를 찾기를 기다리면서. 모든 훌륭한 사진은 조용히 우리에게 말을 걸어온다. 그렇지 않나? 질의 사진들은 그런 경지에 있다. 뭔가를 들려준다. 그 사진들에 가득한, 예술 자체에 대한 애정과 예술가들에 대한 경의가 드러나는 것이 아닐까 싶다.

나는 사진 촬영이 견디기 힘들 만큼 싫다. 사진작가가 18시간 동안 따라다니면서 스냅사진을 찍는 편이 훨씬 좋다. 8분 동안 자세를 취하는 것보다 그게 낫다. 사진작가들에게 원하는 바를 밝히며 의논한 적이 없는 것 같다. 그들이 하는 대로 놔두고 나도 몰랐던 내 안의 무언가를 그들이 끄집어내게 하는 쪽이 더 좋다. 질이 내게 보여주기 전에 사진들을 동정하는 마음으로 수정하는지는 모르겠다. 하지만 안 좋은 사진을 본 적이 없다. 그 사진들에서 진짜처럼 느껴지는 무언가를 본다. 우리와 함께 일하는 시간 동안 질은 주로 분장실 같은 곳에서 사진을 찍었다. 그래서 내게 그 사진은 진짜다.

그녀는 나의 아주아주 소중한 친구이며, 그녀와 함께한 30년은 영광이었다.

1994년 12월 케임브리지 콘 익스체인지에서 열린 콘서트가 시작이었다. 내 책《The Moment: 25 Years of Rock Photography》의 출판사를 막 구했을 때였다. 1965년의 비틀스 팬을 시작으로 1970년대, 1980년대, 1990년대 초까지 음악계의 기록자로 내 활동이 담긴 일기 형식의 책이었다. 나는 전도유망한 밴드, 즉 장차 위대해질 잠재력을 지닌 밴드를 찾고 있었다. 그 밴드는 이 책의 결말을 장식함과 동시에 새로운 시작을 알릴 터였다.

음악 저널리스트 다니엘라 소아베는 음악계의 새 인재들을 항상 주목했다. 1년 전인 1993년 12월, 그녀는 내게 제프 버클리를 보러 런던의 작은 클럽에 가자고 졸랐다. 내 삶에서 중요한 순간이었다. 그래서 그녀가 오아시스를 확인해 보라며 크리에이션 레코드의 유능한 언론 담당자 조니 홉킨스를 연결해줬을 때, 그 밴드를 보러 케임브리지로 오라는 그의 초청을 주저 없이 받아들였고, 사진작가로서 내 인생의 위대한 장이 열렸다.

그 밴드와 만나기도 전에 이미 나는 뭔가 특별한 공연이 되리라고 느꼈다. 엄청나게 멋지고 흥분한 10대 소녀가 대부분인 군중이 휠러 스트리트와 그 주변에 뱀처럼 구불구불하게 줄지어 있었다. 예전에 본, 리버풀 캐번 클럽 앞 비틀스 팬들 사진을 연상케 하는 광경이었다.

공연 시작 직전에 노엘 갤러거를 소개받았다. 그는 다정하고 차분했다. 하지만 사진작가 영역에서는 마법이 펼쳐졌다. 내면에서 빛을 내뿜는 밴드가 있다. 그들의 힘은 오묘했다. 무대 위에서는 물리적으로 많은 일이 일어나지 않기 때문이다.

보컬인 리암은 매우 훌륭했다. 그는 뒷짐을 진 채 마이크 앞에 서서 으르렁거리는 듯했고, 푸른 빛이 감도는 위협적인 동상처럼 관객 머리 위를 응시하기도 했다. 어쨌든 카리스마가 있었는데, 그 카리스마는 몸짓으로 나타나기보다는 자세에 꽉 차 있었다. 노래를 부르지 않을 때면 그는 드럼 라이저 위에 꼼짝하지 않고 앉아만 있었다. 노엘은 뛰어난 기타리스트였지만, 방방 뛰거나 인상을 찌푸린 채 솔로 파트를 연주하는 일은 없었다. 리듬기타의 '본헤드', 베이스의 '궉스', 드럼의 토니는 노엘의 지시만 기다릴 뿐 거의 움직이지 않았다.

그 공연이 관객에게 미친 영향은 결코 무시할 정도가 아니었다! 공연장 분위기는 거의 광란 수준으로 고조되었고, 노래들은 강력하면서도 깊은 울림이 있었다. 어찌나 멋진 조합이던지! 나는 흥미진진하게 내 할 일을 했다.

공연이 끝난 뒤 노엘과 본헤드를 잠깐 다시 만났다. 나는 오랜 친구인 크리시 하인드가 무대 뒤에서 밴드 '더 폴'의 마크 E. 스미스와 대화하고 있었으며, 팻시 켄싯이 무대 위보다 밖에서 더 활기찬 리암 갤러거를 앙큼하게 바라보고 있었다고 알려줬다. 당대 일류 스타들이 새 얼굴을 확인하고 있었다.

오아시스 멤버들은 내 사진을 좋아했는데, 그야말로 바라던 바였다. 더 많은 사진을 찍고 싶었으니까. 1994년 크리스마스가 지나고 1월이 되었을 무렵, 조니 홉킨스의 권유로 밴드 활동을 기록하는 일을 시작했다. 런던 '포틀랜드 플레이스'에서 촬영한 〈Live Forever〉 뮤직비디오가 시작이었다. 그달 말 미국 서부 해안에서 짧은 투어를 했고, 샌프란시스코에서 홍보용 촬영을 했다. 1995년 3월 미국 투어에서도 투어 버스를 함께 탔고, 멤버들과 계속 함께 지냈다. 그때부터 각 멤버의 개성에 매료되었다. 본헤드는 형제들 사이에서 접착제 노릇을 하면서 모두를 웃게 만드는 재주로 긴장을 풀어줬다. 그는 흔한 얼굴이었지만 농담의 제물이 되는 것도 마다하지 않았다. 그는 맨체스터 유나이티드 팬이라는 이유로 종종 놀림을 받았다. 나머지

멤버 모두 하늘색의 맨체스터 시티 팬이었으니까. 궉스는 사람을 끌어들이는 평온함의 소유자였는데, 그와 함께 있으면 기분이 편안했다. 토니는 사진에서 아주 멋져 보였으며 날카로운 존재감을 보여줬다. 그 투어는 토니와 밴드가 함께한 모습을 마지막으로 촬영한 시간이었다. 그는 1995년 4월 밴드를 떠났고, 앨런 화이트가 대신 들어왔다.

내가 오아시스와 집중적으로 일한 시기는 그들의 인기가 절정에 달한 1995년부터 1997년까지다. 나는 록 음악 분야에서 잔뼈가 굵었고, 그들은 막 걸음마를 뗀 상태였다. 그들을 보호하고 싶은 마음이 드는 것도 당연했다. 모든 대중매체의 관심이 집중되고 경이로운 속도로 슈퍼스타가 되는 일은 그들에게 엄청난 스트레스였다. 그 모든 것을 받아들이기는 힘들었다.

리암은 처음에 나를 시험에 들게 할 만큼 까다로웠다. 사진작가와의 가벼운 대화도 허락하지 않았다. 그는 예나 지금이나 예측 불가능하고 무모한 '와일드카드'였다. 그러나 바로 그런 점이 리암을 '진정한' 록스타로 만들었다. 그는 또한 섬세하고 친절했다. 생일(9월 21일)이 같다는 사실을 알게 된 것이 우리 관계에 도움이 되었다. 열아홉 살 차이 나는 영혼의 쌍둥이 같았다.

노엘은 작곡가와 기타리스트의 재능을 겸비했다. 재치 있고 솔직하며 통찰력 깊은 사람이라, 기자들은 그와 인터뷰하기를 좋아한다. 또 굉장한 직업의식의 소유자기도 하다. 오아시스에서 노엘은 모든 것을 음악적으로 아우르고, 또 대부분의 언론 인터뷰를 도맡는 등 무거운 짐을 지고 있었다. 더불어 나를 비롯한 여러 사람과 협력하여 보도자료나 앨범 커버를 만들었다.

노엘과 리암 형제는 오아시스에 독특한 DNA를 부여했는데, 이는 모든 사진작가에게 선물과도 같았다. 그들은 나에게 거의 무제한 접근을 허용해줬다. 마치 내 우상 중 하나인 알 웨데이머에게 1950년대 초 엘비스 프레슬리가 그랬던 것처럼.

그들에게는 스튜디오에서 하루 종일 옷을 갈아입거나 다양한 포즈를 취할 만큼의 인내심이나 의욕이 없었다. 특히 미국에서 그들은 하루 동안 진행할 예정이던 촬영을 단 15분 만에 끝내버리는 것으로 유명했다. 사진작가로서 빠른 작업 속도는 그들이 나와 함께하게 된 가장 중요한 요인이었을 것이다.

투어나 스튜디오에서 뮤지션들과 함께 촬영할 때, 나는 되도록 눈에 띄지 않으려고 한다. 오아시스와 함께할 때도 음향기기들 쪽에 있거나, 분장실에 머물거나, 공연 사진을 찍었고, 이동할 때나 녹음실에서만 그들과 함께하려 했다.

공연이 끝나면 밴드와 공연 스태프들의 즐거운 시간이 시작된다. 호텔 바에서 오랫동안 술을 마신 뒤 숙취로 눈이 부은 뮤지션들이 아침을 먹으며 간밤의 소동에 관해 이야기하는 일이 잦았다. 대체로 나는 차 한 잔을 마시고 일찍 잠자리에 들었다. 일단 내 존재에 익숙해지자, 그들은 나를 의식하지 않았다. 나는 마치 공연 스태프 중 한 사람이 된 것 같았다. 그래서 오아시스가 해체한 2009년 여름까지 그들의 활동을 계속 기록할 수 있었다.

마흔한 살에 오아시스와 함께 일하기 시작했는데, 갤러거 형제가 사랑하는 엄마 페기보다 조금 어렸다. 그들에게 나는 큰누나나 엄마 같은 존재였다. 아주 대단한 위치였다. 나는 핑크 플로이드, 밥 말리, 레드 제플린, 더 후 등 로큰롤 시대의 다른 많은 위대한 아티스트들을 촬영했다.

특히, 나는 펑크의 시대를 산 사람이었다. 우리 모두 즉흥적으로

↓

**1995년 12월 22일
크리에이션 파티
영국 런던**

런던 할시온 호텔 밖.
크리에이션 레코드가 노엘에게
크리스마스 선물로 준
롤스로이스 앞에서 노엘과 질.

일했고, 우리 중 전문적으로 훈련을 받은 사람은 없었다. 우리는 창의적 에너지가 넘쳐흐르던 순간에 우리의 흔적을 남기기로 마음먹었다.

오아시스는 천재적인 비틀스부터 1970년대 최고의 록밴드들까지, 내가 살아온 모든 시대를 아우르는 듯하면서도 펑크의 오만한 무례함을 적절히 가미하여 융합한 것 같았다. 오아시스는 내 경력에서 위대한 마지막 록밴드였다. 그리고 이 책이 거의 완성되던 5월 말, 나는 다음 단계의 짧고도 강렬한 단서를 얼핏 보았다. 2025년에 그들이 재결합한다는 것. 해보자!

이 책에는 내가 오아시스와 함께하며 찍은 수많은 사진 중 일부만 실려 있을 뿐이다. 2009년에 그들이 해체했을 때 가장 놀란 점은 그들이 그토록 오랜 세월을 함께했다는 사실이었다. 몇 차례 멤버 교체로 밴드의 성격은 항상 바뀌었지만, 노엘과 리암의 케미스트리는 로켓 연료와 같았다.

내가 함께 작업한 다른 모든 위대한 밴드들과 마찬가지로, 오아시스는 공식적이거나 인위적으로 만들 수 없는 희귀한 케미스트리를 갖고 있다. 어떤 면에서 그런 음악은 아티스트의 몫이 아니다. 그런 힘과 잠재력은 그들 음악에서 자기 맥박 소리를 듣는 우리 모두의 몫이다.

우리가 흠뻑 취해 있을 때 당신은 어디 있었는가? 우리는 당신 바로 곁에 있었고, 당신의 선물은 우리 안에 영원히 남을 것이다.

DEFINITELY

1994년	콘 익스체인지 / 영국 케임브리지
1995년	〈Live Forever〉 뮤직비디오 촬영 / 영국 런던
	#1 매드체스터 출신 / 사이먼 스펜스
	샌프란시스코 / 미국 캘리포니아
	클리블랜드 / 미국 오하이오
	디트로이트 / 미국 미시간
	셰필드 아레나 / 영국 셰필드
	글래스턴베리 페스티벌 / 영국 서머싯
	슬레인 캐슬 / 아일랜드 더블린 인근

RELEASED	1994년 8월 29일
RECORDED	1993년 2월
	1993년 3월~5월
	1993년 12월~1994년 5월
STUDIOS	스튜디오 아웃 오브 더 블루(맨체스터)
	리얼 피플 스튜디오(리버풀)
	핑크 뮤지엄(리버풀)
	몬나우 밸리 스튜디오(웨일스)
	소밀스(콘월)
	클리어(맨체스터)
	매트릭스(런던)
LENGTH	51분 57초
LABEL	크리에이션
PRODUCERS	오언 모리스
	오아시스
	마크 코일
	데이비드 바칠러
ARTWORK	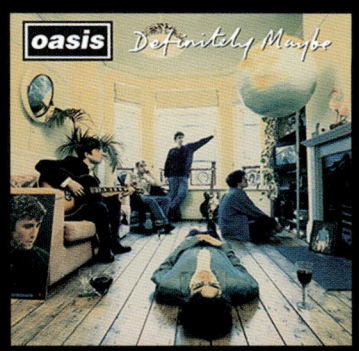

MAYBE

정말 웃기는 건 이거다.
초창기에는 정말이지
전부 소녀팬들이었다.
그런데 언젠가부터
이렇듯 남자 판이 되었다.
그렇게 소녀들은 점점
뒤로 빠지기 시작하더니
어느 순간 갑자기,
빌어먹을 사내자식들이
득시글거리는 한복판에서
공연하게 되었다. 누가
무슨 소리를 하든
상관없지만, 그다지
재미있는 일은 아니었다.

←← / ←

1994년 12월 4일
콘 익스체인지
영국 케임브리지

그날 밤 기억이 아직도
생생하다. 정말 대단한
밤이었다. 그때가 내가
오아시스에서 가장
좋아하는 시기다. 그때부터
슬슬 상승곡선을 타기
시작했고, 사진작가들도
우리를 찍으러 찾아왔다.

1994년 12월 4일
콘 익스체인지
영국 케임브리지

1994년 12월 4일
콘 익스체인지
영국 케임브리지

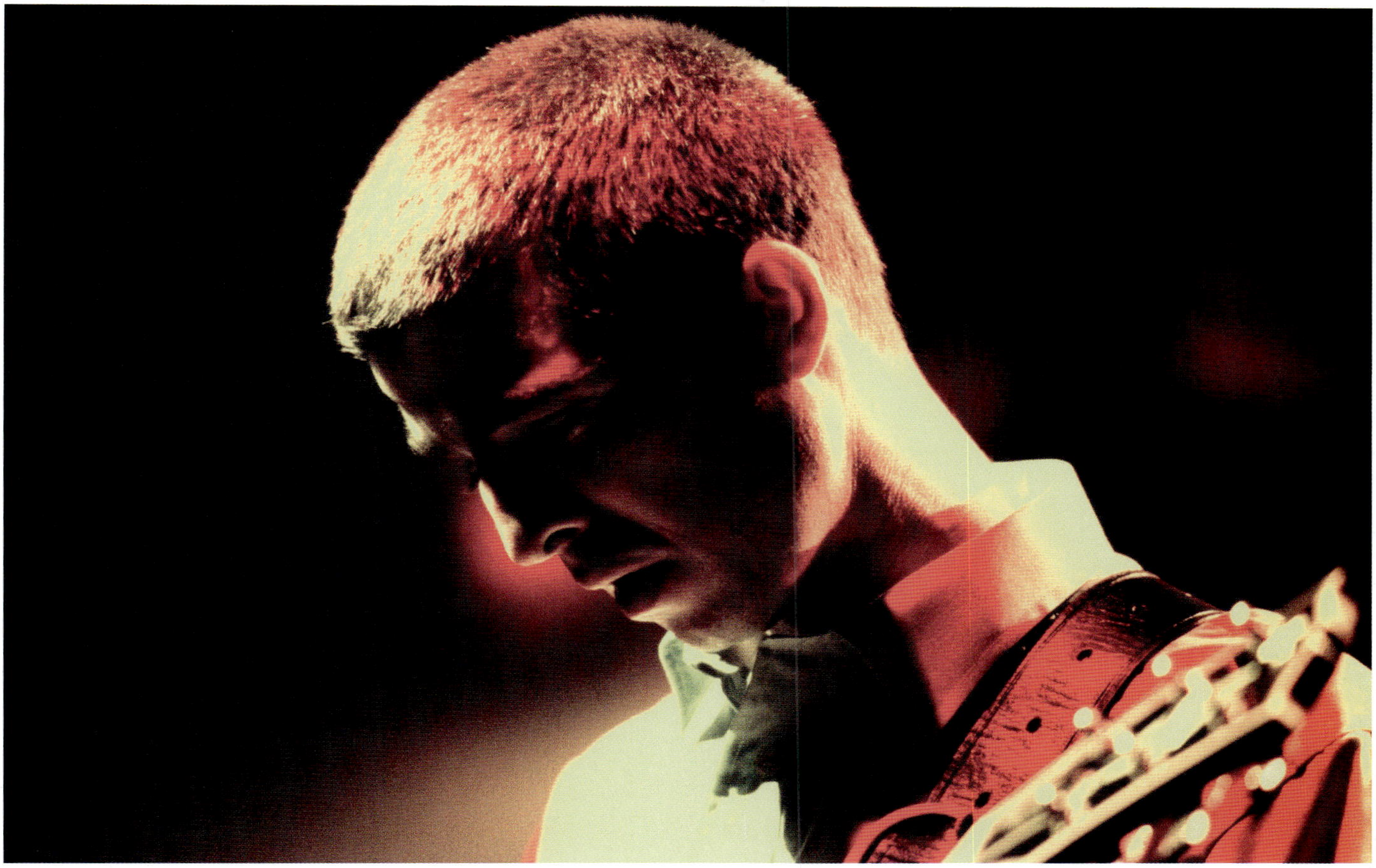

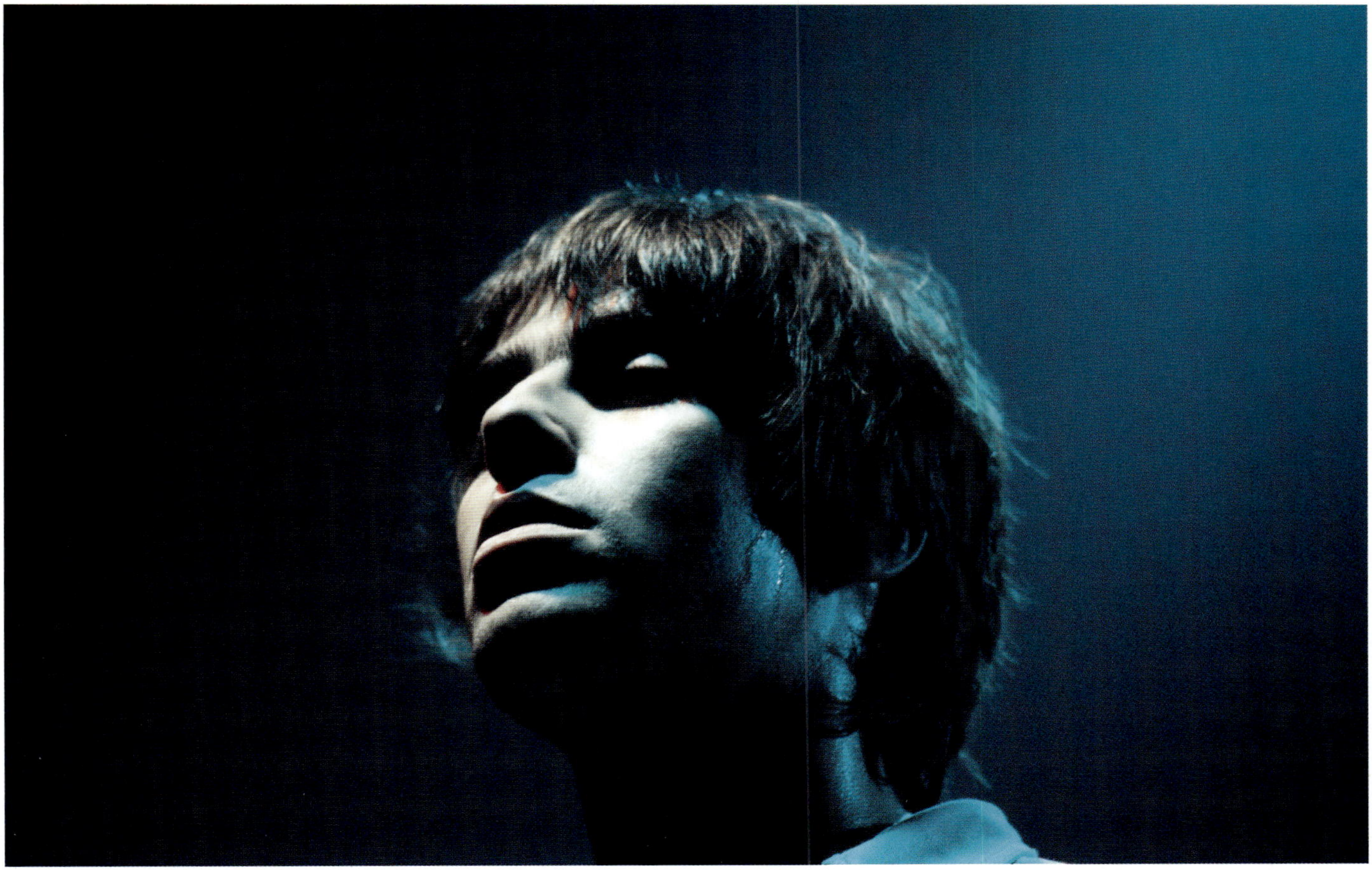

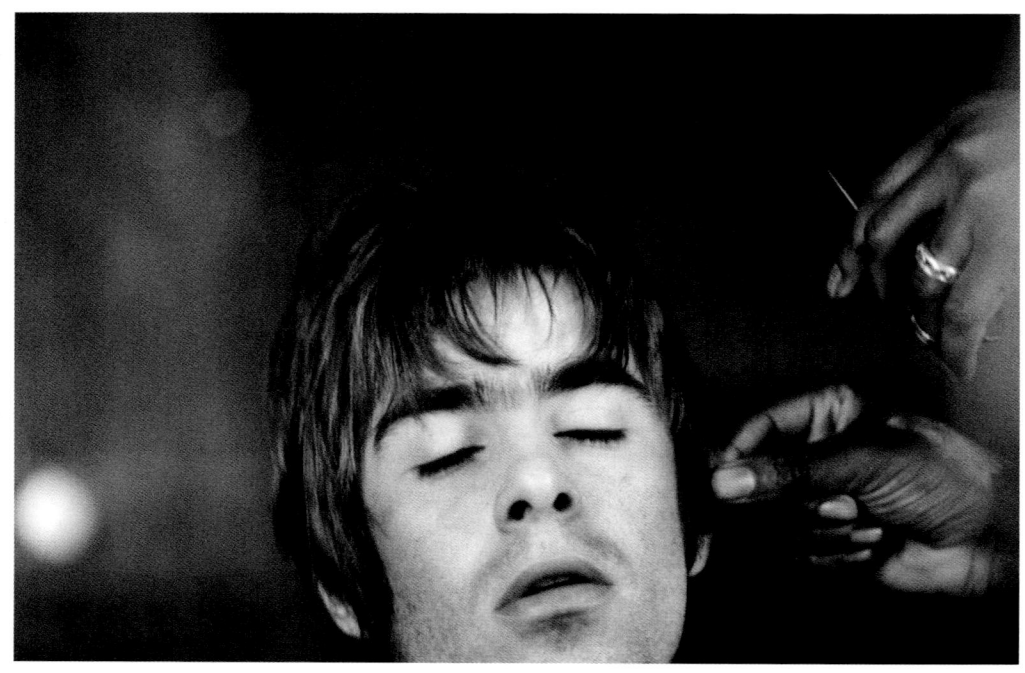

←→ / →→

1995년 1월 5일
〈Live Forever〉 뮤직비디오 촬영
영국 런던 포틀랜드 플레이스

←→ / →→

1995년 1월 5일
〈Live Forever〉 뮤직비디오 촬영
영국 런던 포틀랜드 플레이스

CAMBRIDGE
4-12-94   SF   11

270

scanned @ 75MB
JAN 14

SF   19

Cambridge 4/14/94

OASIS

337

© JILL FURMANOVSKY
JFA ARCHIVE
8 FITZROY ROAD

TOILETS

oasis

oasis

#1 매드체스터 출신   사이먼 스펜스

1980년대 후반 음악, 패션, 클럽 문화가 폭발적으로 성장한 '매드체스터(Madchester)'*가 없었다면, 오아시스도 없었을 것이다. 당시 20대 초반의 청년 노엘 갤러거는, 선도적이면서 머리기사를 장식하는 광경이 고향 맨체스터에서 펼쳐지는 것을 보며 정신적으로 각성했다. 그는 매드체스터로 명성을 얻은 '인스파이럴 카페츠'의 로드매니저로 일했다. 하지만 그를 바꾼 것은 그 도시의 악명 높은 하시엔다 클럽에서 벌어진 불법적 애시드하우스 파티와 광란의 밤이었다.

훗날 그는 이렇게 회고했다. "사회적 음악 혁명이자, 펑크에 대한 우리 세대의 대답이었다." "무에서 유를 창조한 아주 놀라운 일이었다." 노엘의 작곡 야망은 급변했다. 지난 10년간 맨체스터를 주도한 밴드 '더 스미스'가 남긴 영향, 즉 우울과 고립은 순수하고 편안하고 일관된 주제들로 대체되었다.

"나는 도시 중심가, 하시엔다 클럽이 있는 거리에 살면서, 아파트 안에 앉아 하루 종일 마리화나를 피우며 기타를 연주하곤 했다. 햇빛이 반짝이는 주말에 하시엔다에 가서 이런 생각을 했다. '영원히 이럴 순 없어. 누군가 멈춰야 해. 꼴불견이잖아.' 훌륭한 생각이었다. 정말이지, 정말 멋졌다."

리암도 매드체스터에 전도되긴 마찬가지였다. 그는 전자음악과 힙합을 매우 좋아했으며 열정 넘치는 브레이크 댄서였다. 하지만 애시드하우스 음악이나 들판이나 폐창고에서 벌어지는 광란의 파티는 그의 관심사가 아니었다. 기타 음악에도 흥미가 없었다. 그러나 주요 매드체스터 밴드인 '스톤 로지스'의 공연을 보러 간 경험이 그의 인생을 바꿔놓았다. 그는 스톤 로지스에서 미래의 자기 모습을 발견했다. 그것이 시작이었다.

스톤 로지스의 영향과 함께, 그는 '롤링 스톤스'나 '섹스 피스톨스' 같은 밴드들에 탐닉했다. 또한 매드체스터 특유의 '배기(baggy)' 스타일 신봉자가 되어 매우 독특하고 개성 넘치는 로컬 스트리트웨어 브랜드 'Gio-Goi'를 즐겨 입었다. "swag 'n' blag"으로 가득 찬 맨체스터의 '간판' 리암은 매드체스터를 추앙하는 밴드 '더 레인'의 보컬을 맡아 달라는 권유를 받았다. 더 레인에는 훗날 오아시스의 멤버가 된 세 사람이 있었는데, 당시 그들은 스파이크 아일랜드에서 열린 스톤 로지스의 유례없는 공연에 참가하여 조금 이름을 알리고 있었다.

1992년에 접어들면서 매드체스터의 인기가 사그라들자 세계 언론은 새로운 성채와 사운드, 즉 시애틀과 '너바나'가 이끄는, 떠오르는 '그런지 록'에 주목했다. 그즈음 리암과 기타리스트 폴 '본헤드' 아서스가 만든 곡들이 진부하다는 평을 받으면서 더 레인은 허우적거렸다. 밴드 이름을 '오아시스'로 바꿨지만, 전혀 새로울 게 없었다. 사실 오아시스는 애초부터 잘못된 이름이었다. 어떤 마약상이 이 밴드의 리허설을 본 뒤 침체된 분위기를 비꼬며 "오아시스에 온 것 같네"라고 경멸하듯 말했다. 건조하고 생명력이 없다고, 반어법을 쓴 것이었다. 새로운 이름을 찾던 드러머 토니 맥캐롤이 이 의견에 동조했다.

리암은 스무 살이었다. 삶이 그를 똑바로 노려봤다. 그는 키가 180센티미터에, 같은 학년 최고의 '싸움짱(cock)'이었으며, 매일 수많은 여학생이 집 현관을 두드리는 푸른 눈의 '심쿵남(heartthrob)'이었다. 매드체스터 시대에 태어났지만 마거릿 대처 총리 시절 영국의 지속된 사회경제적 붕괴에 붙잡혀 불량배·소매치기·경범죄자가 된

그의 친구들처럼, 리암도 전혀 앞으로 나아가지 못한 채 건설 현장에서 일하거나 맨체스터 유나이티드 선수들의 차를 닦아주는 일을 하며 지냈다.

리암보다 여섯 살 많은 노엘은 클럽과 파티에서 맨체스터의 간판이 되었고, 그 도시의 아주 유별난 음반사 팩토리 레코드에서 조니 마를 비롯한 여러 사람과 교류했다. 형제는 노엘이 집을 떠난 후로 줄곧 떨어져 지냈다. 야만적이던 어린 시절의 상흔은 여전히 생생했다. 그들의 아버지는 도박꾼이자 술꾼이었으며, 걸핏하면 처자식을 주먹으로 때리고 발로 차는 폭력적인 남자였다. 가장 가혹하게 맞았던 노엘은 말 더듬는 증세가 심해져서 4년 동안 언어 치료를 받으며 교정해야 했다. '수년에 걸친 육체적·정신적 학대'에 신물이 난 노엘은 열일곱 살이 되자 아버지를 자신들의 삶에서 몰아내버렸다.

그때 리암은 겨우 열두 살이었다. 그 모든 일에도 그는 아버지를 그리워했다. 어릴 적 그는 윌리엄의 준말인 윌로 불렸는데, 아무튼 방향을 잃은 채 남겨졌다. 엄마 페기가 과자공장에 일하러 간 동안 그는 혼자 텔레비전 앞에 앉아 있었다. 그가 자기 주변에 둘러쌓은 마초적인 장벽은 이런 외로움과 슬픔으로부터 자신을 지키려는 방어막이었다. 아버지가 자기 삶에 남긴 빈자리 때문에, 그는 세상의 관심과 주목을 갈망한 것이다. 'U2'의 보노는 리암의 목소리에 담긴 '아픔'이 오아시스를 록 세계의 최고점으로 끌어올렸으며, 이는 그의 본질적 분노와 좌절에서 비롯한다고 말했다.

1994년 리암은 내게 이런 말을 했다. "삶이 우리를 우리로 만들어준다. 나는 내 모습이 좋다. 나는 내 삶에서 아무것도 바꾸려 들지 않았고, 나쁜 일이 많이 일어났다. 만약 우리가 에식스 출신이고, 우리 아버지가 브리티시 에어로스페이스에서 일하면서 벤츠를 두 대씩 굴리고 가끔 내게 한 대를 빌려줬다면, 오아시스는 존재하지 않았을 것이다."

노엘은 아버지의 외모를 물려받았지만, 리암은 불안정한 기질과 폭력적인 성향을 물려받았다. 학창 시절의 마지막 해, 남학생 셋이 그를 공격했던 악명 높은 사건이 일어났다. 망치로 머리를 맞아 피투성이가 된 채로, 리암이 그들을 모두 쓰러뜨린 것이다.

초기 오아시스 음악 스타일을 형성하는 데 도움을 준 프로듀서 오언 모리스는 "리암이 이성을 잃으면, 아주 무서웠다"라고 했다. 그가 작업한 앨범은 오아시스의 라이트모티프(leitmotiv)가 되었다. 오언이 모든 경쟁자(로비 윌리엄스나 데이먼 알반 등)를 "때려눕히겠다"라고 끊임없이 위협하는 바람에 키스 리처즈와 조지 해리슨에게 비난받았을 때 리암이 담담하게 말했다. "그놈들을 죽도록 패버릴 테다."

노엘이 마침내 리암의 밴드가 연주하는 걸 보게 되었다. 영리하고 계산이 빠르며 성공에 대한 강한 열망에 사로잡혀 있던 노엘은 자기 열망을 실현할 방법, 즉 신곡을 히트시킬 방법을 찾았다. 그가 오아시스를 인수하고 재정비하는 데는 1년에 걸친 고된 리허설과 관객 없는 공연, 그리고 구식 레코드 작업이 필요했다. 부지런한 노엘은 밴드 데뷔앨범의 기반이 될 곡들을 만들었을 뿐 아니라, 리암에게 비틀스의 음반과 책들을 권했다. 존 레넌은 리암에게 가수로서 새로운 기준이 되었다.

그러나 오아시스의 모든 것을 노엘이 만들지는 않았다. 1990년대 중반 브릿팝 분야에 불을 지피고 새 지평을 연 중요한 상징 하나가

---

*   1980년대 후반부터 1990년대 초까지 맨체스터를 중심으로 영국을 휩쓴 음악 장르이자 문화를 아우르는 용어.

1995년 1월 31일~2월 2일
샌프란시스코
미국 캘리포니아

이미 자리 잡고 있었다. 아일랜드 전통이 강한데도 이 밴드는 이미 로고에 유니언잭을 사용하고 있었다. "전 세계에서 가장 위대한 깃발이 변기에 처박히고 있고, 우리는 이에 관해 뭔가 하기 위해 여기에 있다"라고 리암은 자랑스럽게 선언했다. 얼마 후, 노엘의 기타에 그 유명한 유니언잭 장식이 들어갔고, 이로써 브릿팝과 '쿨 브리타니아(Cool Britannia)'의 시대가 열렸다.

1993년 앨런 맥기가 고향인 글래스고의 킹 투트에서 열린 작은 공연에서 맨 마지막으로 공연하는 오아시스를 우연히 발견했을 때, 이미 세계에서 가장 유명한 (혹은 악명 높은) 밴드의 초석은 다져졌다. 잘 알려진 대로, 그는 그 자리에서 밴드와 계약했다. 그는 리암과 노엘에게서 매혹적인 전우애의 이미지를 발견했고, 그 이면에 끝없이 세상을 매료시킬 형제간의 치열한 경쟁의식도 있음을 간파했다. 노엘은 이렇게 말했다. "우리는 뜻이 맞는 게 하나도 없었다. 내가 곡과 가사를 쓴 다음에 이렇게 말한다. '이걸 불러.' 그러면 걔는 이런다. '난 그거 안 부를 거야.' 나는 또 이런다. '이걸 부르지 않으면 모가지가 날아갈 거야.'"

과대광고의 대가인 맥기는 영국에서 가장 논란이 많은 두 밴드, (악명 높은 리드 형제가 속한) '지저스 앤드 메리 체인'과 '프라이멀 스크림'의 성공을 이끌었다. 그의 음반사인 크리에이션은 영국의 인디 댄스/록, 슈게이즈, 그런지를 선도했으며, 쾌락주의자로서 맥기의 명성은 전설적이었다.

전국적으로 알려지면서, 오아시스는 하루아침에 선풍을 일으키며 순식간에 인기를 끌었다. 이 밴드의 외모와 태도에는 매드체스터의 흔적이 역력했다. 〈Rock 'N' Roll Star〉나 〈Cigarettes & Alcohol〉 같은 강렬한 곡은 반항적인 노동자들의 마음에 불을 붙였다.

노엘이 말했다. "우리는 정치 따위는 다루지 않는다. 우리는 어린 시절의 꿈이 어떻게 사라지는지, 학교를 그만두는 게 얼마나 망할 짓인지, 살아가는 게 얼마나 엿 같은지에 관해 곡을 썼다. 우리가 화를 내는 유일한 순간은 총선 날짜가 되면 투표용지를 받아 들고 '망할 토리(Tory) 새끼들아, 한번 붙어 보자'라면서 투표할 때다. 그냥 그거다. '레드스킨스'의 누군가가 우리가 모두 침을 뱉으면 그놈들은 익사할 것이라고 했던 것처럼, 우리 모두 함께 투표하러 가서 모두 노동당을 찍는다면…."

맥기가 예견한 대로, 형제는 사진작가의 꿈임을 입증했고 수많은 기자가 그들의 거침없는 로큰롤 행보에 사로잡혔다. 노엘과 리암의 싸움과 논쟁은, 맨체스터 시티에 대한 열정과 더불어 단골 기삿거리가 되었다. 악명은 젊은 운석 같은 리암의 거친 면모를 더 자극했다. 그는 호텔 방을 엉망으로 만들거나, 마약을 하고 그루피들과 섹스하면서, 그런 짓을 자랑스러워했다. 유니언잭으로 치장한 투어 버스 지붕 위에서 춤추고 노래하는 젊은이, 그것은 멈추지 않는 오아시스 파티의 삶과 영혼이었다.

리암은 이렇게 말했다. "그들이 쇼맨을 원하면, 쇼맨을 얻는다. 하지만 젊고 건방진 북부 놈을 원한다면 그런 놈을 얻을 것이다." 그는 자신의 인생철학을 표현하고자 "미쳐라(Mad For It)"라는 표현을 사용했고, 단 한 권의 책도 읽지 않았다며 자랑스레 거짓말했다. 그는 선언하듯 말했다. "사람들은 나를 미친놈이라고 생각한다."

노엘이 반박했다. "우리는 미치지 않았다. 단지 지루할 뿐. 빠져들

만한 어떤 밴드 혹은 새로운 음악이나 패션이 있다면 나는 빠져들었을 것이다. 하지만 그런 건 없고, 우리는 지루해서 결국 싸우게 된다. 오아시스는 빌어먹을 만큼 지루하다. 하지만 개뿔도 신경 안 써."

리암의 거침없는 태도와 스타일 즉 그의 행보는 그를 한 세대의 아이콘이자 전 국민에게 사랑받는 '나쁜 남자'로 만들었다. 잡지 《Loaded》부터 데미언 허스트에 이르기까지, 그는 1990년대 '래드 컬처(lad culture)'의 인기에 영향을 줬다. 그리고 노엘의 노동당 지지는, 1997년에 총리가 된 토니 블레어에게 새로운 세대가 투표하도록 이끌었다.

불가피한 희생도 발생했다. (리암의 말에 따르면, "꿈을 이루는 데" 적합하지 않다는 이유로) 드러머 맥캐롤이 해고되었고, 베이시스트 폴 '귁스' 맥기건은 신경쇠약으로 탈퇴했다가 다시 합류했다. 리암 자신도 정신병에 걸리기 직전까지 간 듯했다. 노엘은 성공이 리암을 "더 멍청하게" 만들었다면서 "통제 불능"이나 "치료 불가"라고 불렀다. 밴드 매니저 마커스 러셀에 따르면, 노엘이 리암을 "겁나게 걱정했었다."

멜로드라마에 묻혀 처음으로 음악이 과소평가되었다. 자기 얼굴에 침 뱉는 식으로, 노엘은 데뷔곡인 〈Supersonic〉에 관해 이렇게 말했다. "나는 기타 파트를 조지 해리슨의 〈My Sweet Lord〉에서 따왔다. 좀 뻔뻔한 말이긴 하다. 완전히 똑같지는 않지만 비슷하다. 나는 창의적인 작곡가가 아니다. 음반을 들으면 괜찮긴 한데 더 잘할 수도 있었다고 생각한다." 두 번째 싱글 〈Shakermaker〉는 법적 분쟁까지 일으켰다. 〈I'd Like to Teach the World to Sing (In Perfect Harmony)〉 작곡가들과의 소송에서 진 것이다.*

〈Live Forever〉는 그런 틀을 깨면서 오아시스가 얼마나 크게 성취할 수 있을지 보여주는 첫 지표가 되었으며, 그들의 곡 중 처음으로 톱10에 진입했다. 별로 주목받지는 못했지만, 이 밴드의 새롭고 포괄적인 음악 성향은 베이시스트 귁스 특유의 두 가지 열정을 담고 있었다. 그것은 '퀸'과 컨트리음악이었는데, 마음을 흔드는 짙은 호소력이 있었고, 현실적인 맨체스터 사람에 관한 재치와 이해도 있었다. 이는 결코 흉내 낼 수 없는 것이었다.

〈Live Forever〉 발표는, 이제는 그 시대의 영원한 상징이 된 열한 곡이 담긴 앨범 《Definitely Maybe》의 탄생을 예고했다. 1994년 8월, 이 앨범은 발매 일주일 만에 차트 1위를 차지하면서, 당시 영국 역사에서 가장 빨리 팔린 데뷔앨범이 되었다.

며칠 후, 미국에서 몇 달 동안 빡빡한 일정을 소화하던 중 로스앤젤레스 쇼케이스 공연 막바지에 리암이 노엘을 무대 위에서 공격한, 유명한 사건이 일어났다. 세간에 알려진 바로는, 당시 그는 필로폰에 취해 있었다고 한다. 밴드 해체에 관한 머리기사들이 집중되자, 노엘은 잠시 미국 투어를 중단했다. 이 불안정한 로스앤젤레스 공연의 실황 녹음은 여전히 듣기에 예사롭지 않은 면이 있다.

영국에서는 오아시스를 정점으로 기타 중심 밴드들이 결집했다. 블러, 펄프, 스웨이드 같은 밴드들이 이 일생일대의 현상에 조연으로 참가한 것이다.

피트 타운센드는 "리암의 목소리를 듣노라면, 그것은 우리의 목소리이자 모두의 목소리다"라고 말했다. 〈Live Forever〉와 그 뒤를 이은 수많은 히트곡은 모두의 노래가 되었고, 오아시스는 모두의 밴드가 되었다.

---

* 〈Shakermaker〉가 코카콜라 CM송 표절 논란에 휘말린 사건. 결국 오아시스 측에서 합의금을 지급했다.

1995년 1월 31일~2월 2일
샌프란시스코
미국 캘리포니아

1995년 1월 31일~2월 2일
샌프란시스코
미국 캘리포니아

함께 샌프란시스코에 갔을 때, 무대 안팎에서 오아시스에 대해 더 잘 알게 되었다. 귁스와 본헤드는 노엘과 리암을 돋보이게 만드는 훌륭한 포장지 같았고, 토니 맥캐롤도 성격이 아주 좋았다. 대단히 흥미로운 조합이었다. 그 투어에서는 웃음이 끊이지 않았고, 그들과 함께한다면 뭔가 특별한 걸 해낼 수 있을 것 같았다.

1995년 1월 31일~2월 2일
샌프란시스코
미국 캘리포니아

사람들은 오아시스를
나와 리암의 밴드라고
생각한다. 하지만 사실은
본헤드의 밴드다. 그가
리암을 데려왔고, 또
리암이 나를 데려왔으니까.
본헤드야말로 원년 멤버다.
그는 밴드를 위해서라면
언제나 우리와 함께 머리를
맞대고 고민했다.

↑ →

1995년 3월 15일
미국 오하이오 클리블랜드

Scan
Nov 2010

1995년 3월 16일
디트로이트
미국 미시간

↓ →

1995년 3월 16일
디트로이트
미국 미시간

우리는 꽤 빨리 떴다.
그러나 우리는 여전히
울타리 없는 곳에서도
얼마든지 연주할
마음이 있었다. 음악은
매우 에너지 넘치는
로큰롤이었고, 아, 그래,
무대 위에서 미친 듯이
놀았던 밤들이 기억난다.

→ / → →

1995년 3월 16일
세인트앤드루스홀
미국 미시간 디트로이트

현장은 사람들로 빽빽했고 아주
열정적이었다. 오아시스는 무대 바로
앞에서 사람들이 춤추고 머리 위로
파도타기 하는 것에 익숙지 않았다.
분장실은 비좁았고, 문이 두 개였다.
하나는 무대로, 또 하나는 뒷골목으로
통했다. 공연 중 휴식 시간이
되면, 노엘은 소변을 보러 무대를
빠져나갔다. 나는 그가 빨리 다시
들어올 수 있도록 길가로 통하는 문을
열어두고 있었다. 리암은 무대 위에
서서 관객들에게 형이 오줌을 싸야
한다고 말했다.

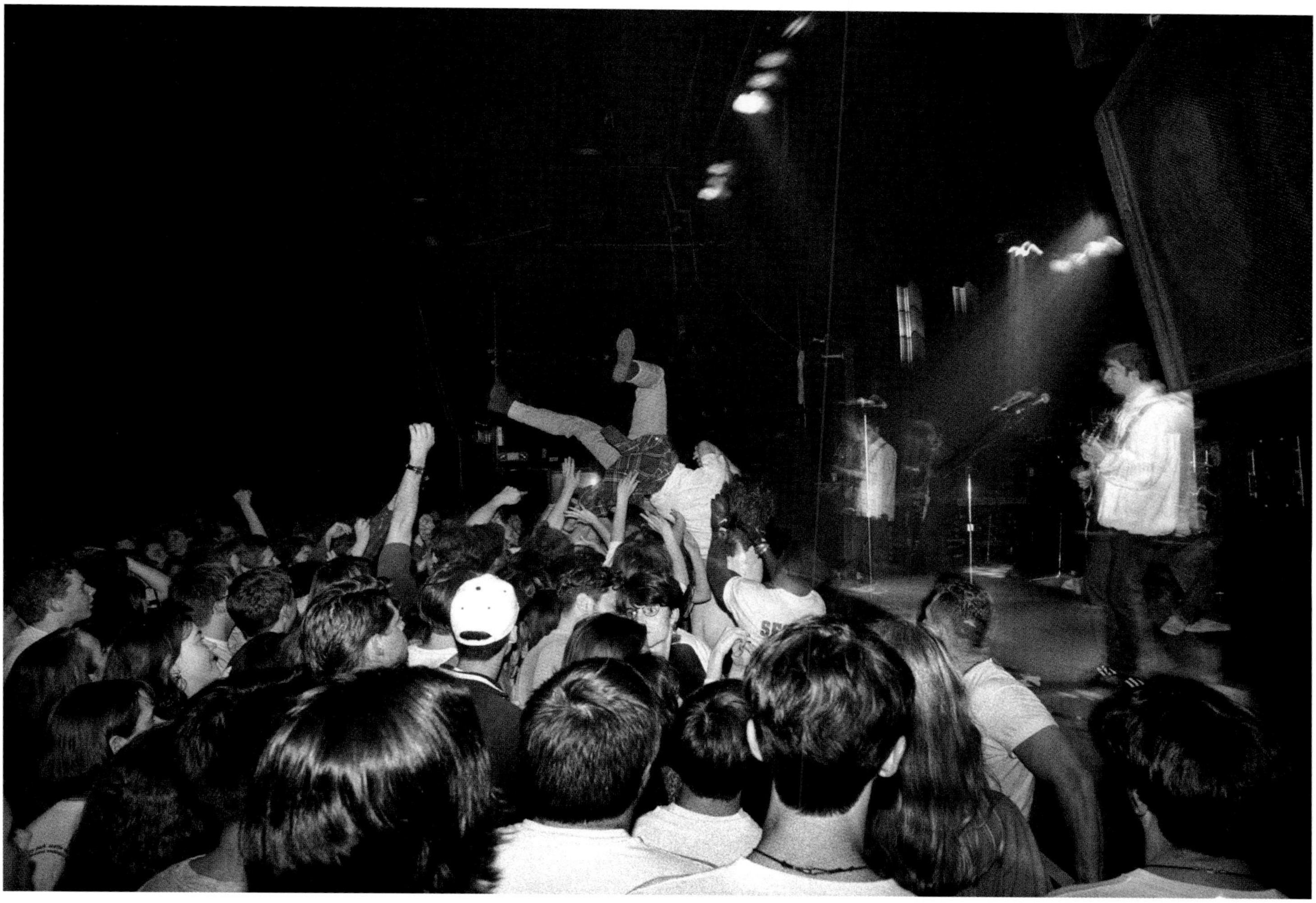

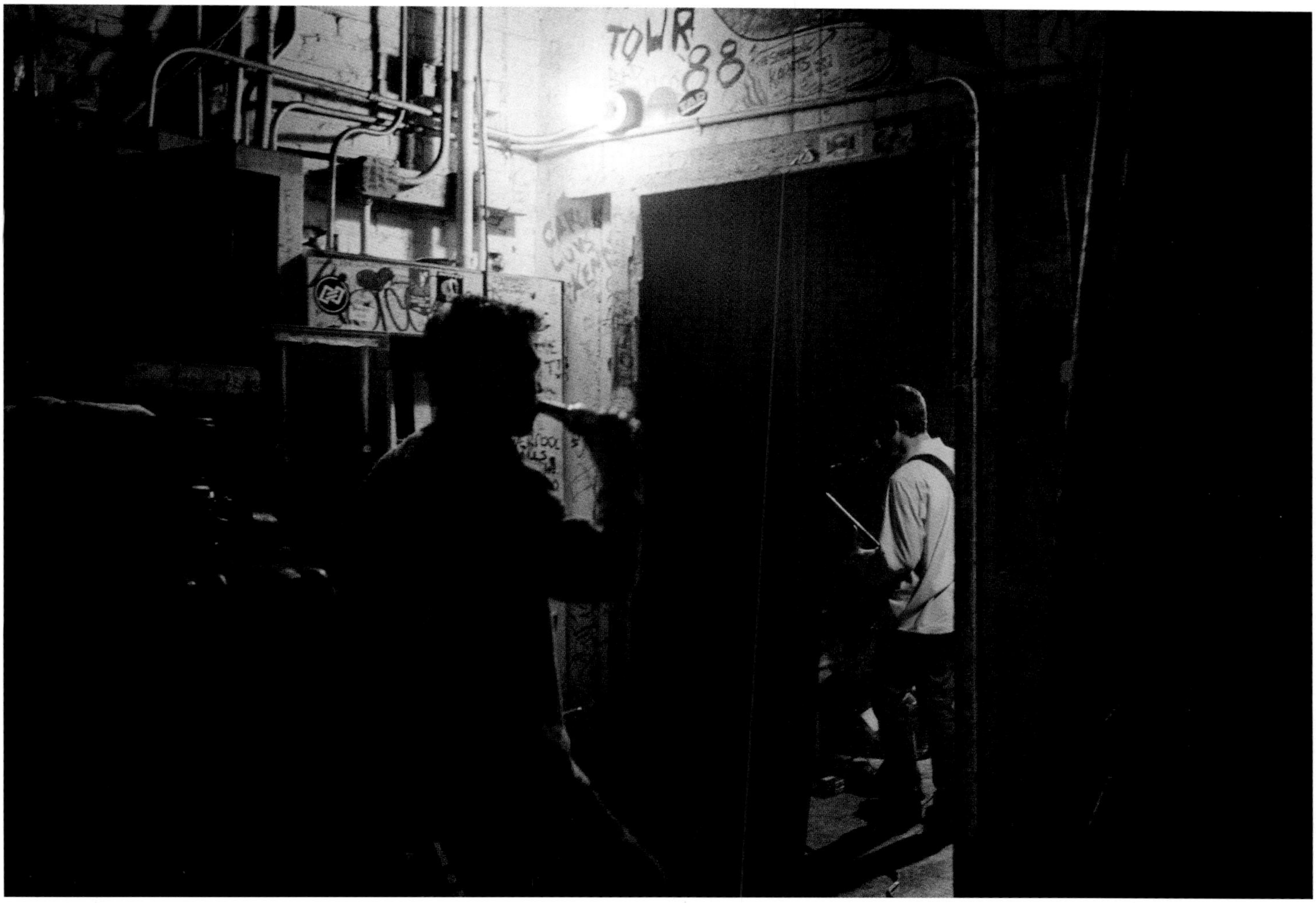

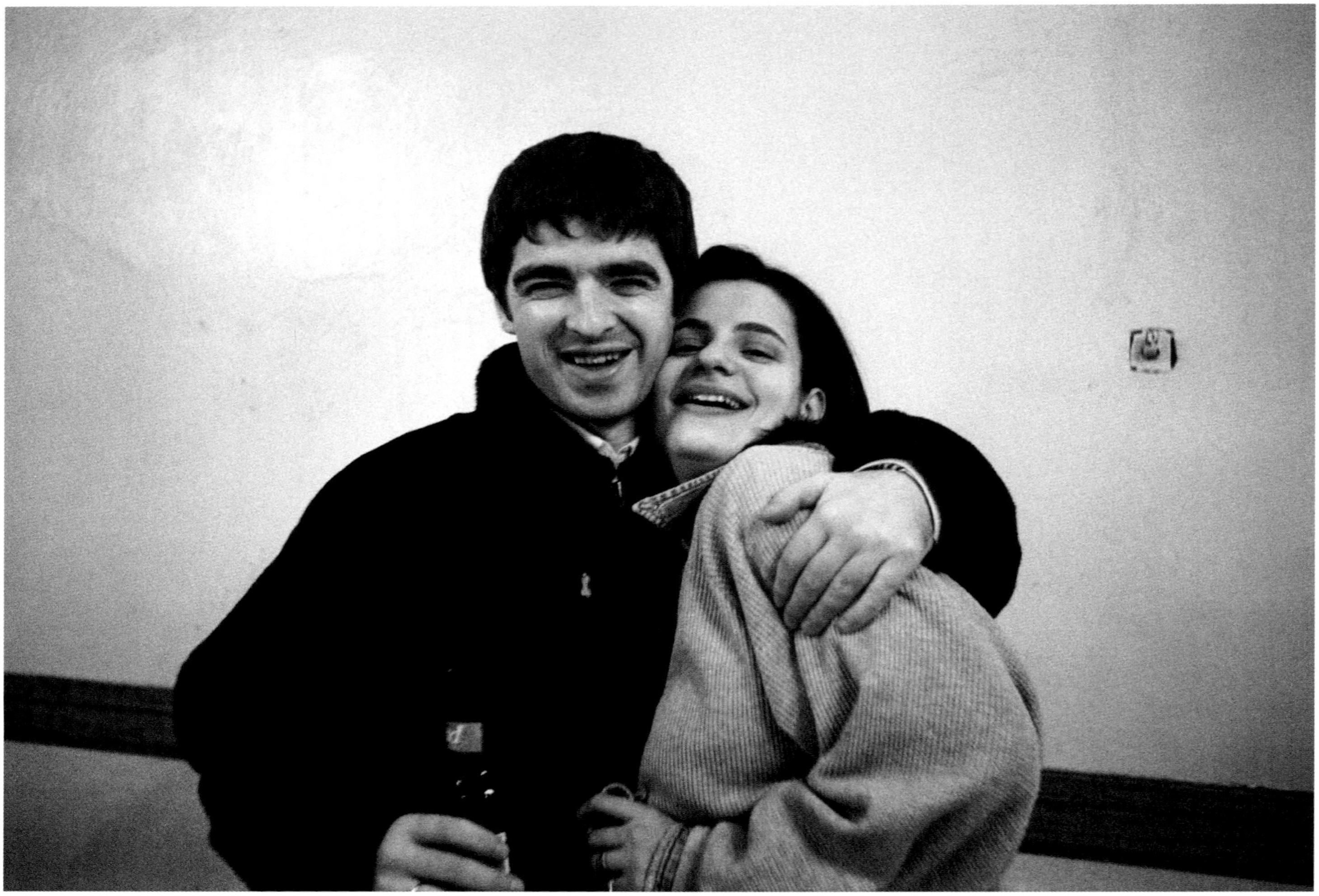

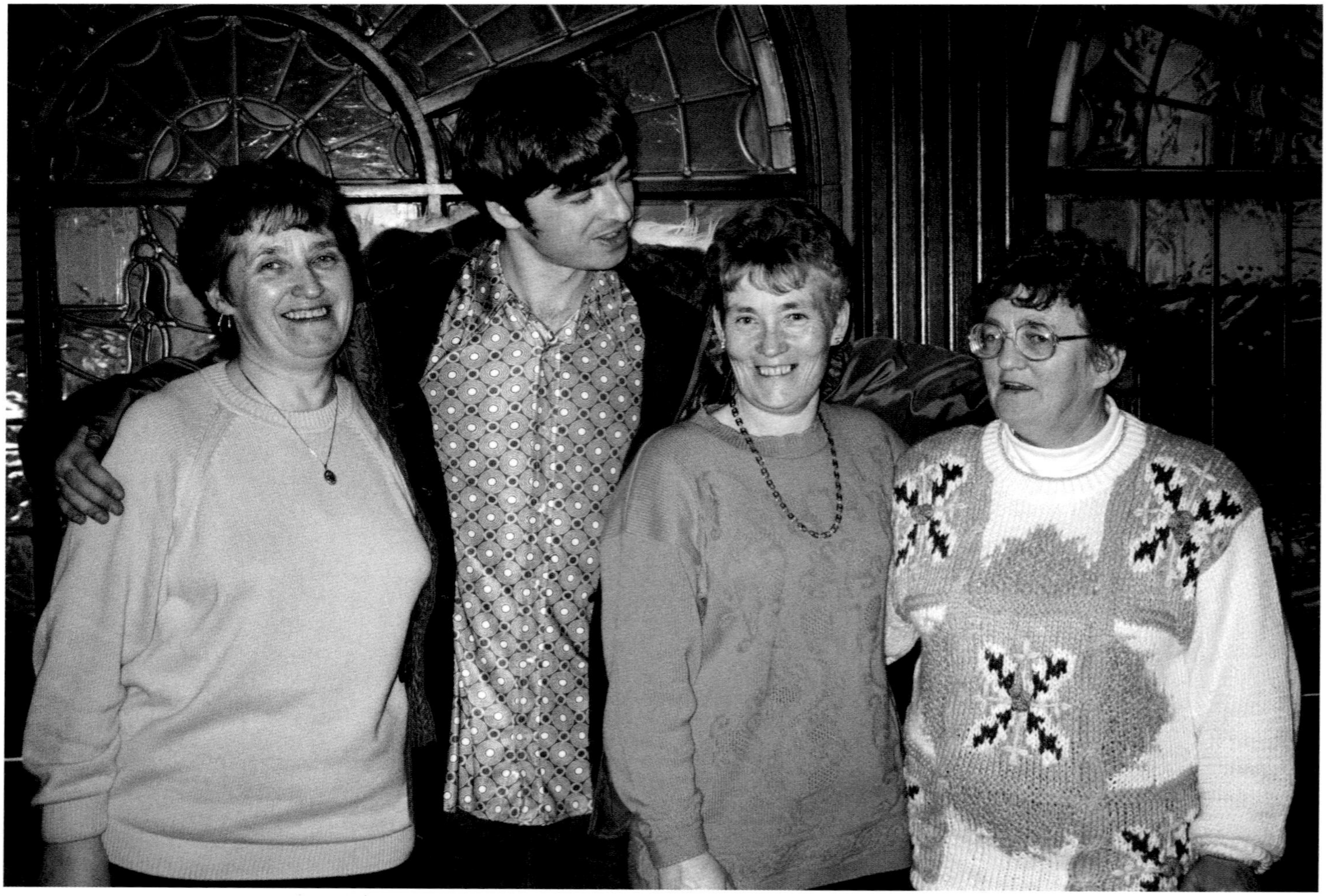

←

**1995년 3월 16일
세인트앤드루스홀
미국 미시간 디트로이트**

오아시스의 투어 매니저
매기 무자키티스와 노엘

←

**1996년 3월 23일
더 포인트
아일랜드 더블린**

집 근처 펍에서, 노엘과
어머니 페기 그리고 두 이모

우리에게 투어 매니저가
있었다면 여행 중에 어떤
일이 생겼을지 모르겠다.
그러나 우리는 전적으로
엄마의 영향을 많이 받고
자랐기 때문에, 엄마에게
제대로 통제받았다. 엄마는
뉴욕 퀸즈 출신이었고,
아일랜드 사람이었다.
엄마가 정말 그립다. 나는
그 여인이 미치도록 좋다.

↓ →

1995년 4월 22일
셰필드 아레나
영국 셰필드

이 공연은 오아시스의 첫 대규모 콘서트였다. 처음으로 대형 아레나에서 공연한 것이다. 무대 위로 올라선 그들은 이토록 많은 관객이 있다는 사실에 몹시 놀란 듯했다. 몇 장의 사진에서 그런 모습을 확인할 수 있을 것이다. 그전까지 그들은 작은 홀이나 공연장에서 기껏해야 2000명 혹은 3000명을 대상으로 공연했었다. 셰필드 아레나는 영국에서 꽤 큰 실내경기장 중 하나로 1만 3600명을 수용할 수 있는데, 콘서트는 완전히 매진되었다.

1995년 6월 26일
글래스턴베리 페스티벌
영국 서머싯

글래스턴베리 페스티벌의 공동기획자 마이클 이비스
와 진 이비스가 오아시스의 헤드라이너 공연 시작 전
에 함께했다.

↓

1995년 7월 22일
슬레인 캐슬
아일랜드 더블린 인근

슬레인 캐슬 내 콘서트장은 관객을 8만 명까지 수용할 수 있는 천연 원형극장이다. 그 곁에는 보인강이 흐르는데, 일부 팬은 잠수복을 입고 그 강을 헤엄쳐 건너서 콘서트에 무료로 입장했다.

(WHAT'S THE STORY)

1995년	〈Wonderwall〉 뮤직비디오 촬영 / 영국 런던
	얼스 코트 / 영국 런던
	파리 / 프랑스
	크리에이션 파티 / 영국 런던
1996년	미국 투어 / 미국 펜실베이니아 필라델피아
	미국 투어 / 미국 로드아일랜드
	미국 투어 / 미국 뉴욕 북부
	더 포인트 / 아일랜드 더블린
	메인 로드 / 영국 맨체스터
	로열페스티벌홀 / 영국 런던
	NEC 리허설 / 영국 버밍엄
	발록 캐슬 컨트리 파크 / 스코틀랜드 로몬드호
	넵워스 파크 / 영국 하트퍼드셔
	파르크 이 키브 / 아일랜드 코크

RELEASED	1995년 10월 2일
RECORDED	1995년 2월 1995년 3월~6월
STUDIOS	로코 스튜디오(웨일스) 록필드 스튜디오(웨일스) 오리노코 스튜디오(런던)
LENGTH	50분 6초
LABEL	크리에이션
PRODUCERS	오언 모리스 노엘 갤러거
ARTWORK	

MORNING GLORY?

〈Wonderwall〉 뮤직비디오 촬영
영국 런던

음악은 듣는 사람들
사이에 동지애 같은
감정을 느끼게 해준다.
모두 의도치 않게. 작곡할
때 내가 얻으려 했던 게
뭐였는지 말하기는
어렵다. 그냥 곡을 썼을
뿐이니까. 우리가 모두
아는 히트곡은 내가
록스타가 되기 전에 쓴
것들이다. 나는 백수였고,
관객을 모은다거나 하는
기대감으로 곡을 쓰지는
않았다. 나는 나 자신을
위해 곡을 썼다. 우리
음악은 듣는 이들을
외부에 머물게 하는 음악이
아니다. 듣는 이들이 함께
직접 따라 부르고 느껴야
하는 음악이다.

→

1995년 9월 29일
〈Wonderwall〉 뮤직비디오 촬영
영국 런던

1995년 9월 29일
〈Wonderwall〉 뮤직비디오 촬영
영국 런던

1995년 9월 29일
〈Wonderwall〉 뮤직비디오 촬영
영국 런던

73

귁스 대신 잠시 활동했던 스콧 맥로드가 신문을 읽는 모습이 뮤직비디오 중간에 나온다.

**1995년 9월 29일
〈Wonderwall〉 뮤직비디오 촬영
영국 런던**

뮤직비디오 촬영장은 세트 사진을 찍기에 최적화된 장소다. 아름다운 조명을 최대한 활용할 수 있으니까. 이 사진에서 보다시피, 큰 조명이 등장인물들의 실루엣을 만들어줬다. 나이젤 딕 감독이 촬영한 〈Wonderwall〉 뮤직비디오는 1996년 브릿어워드에서 '올해의 영국 비디오'를 수상했다.

125362

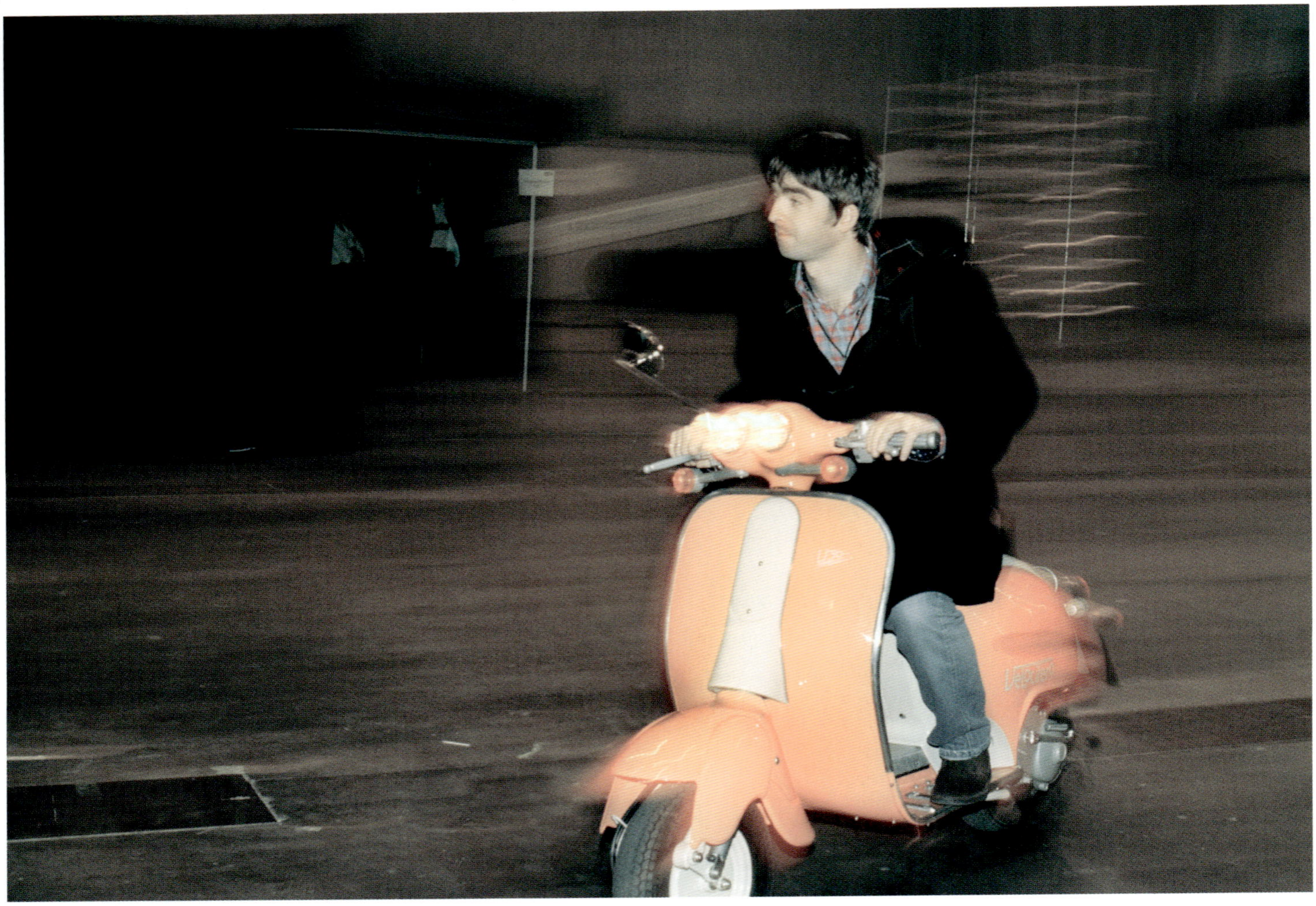

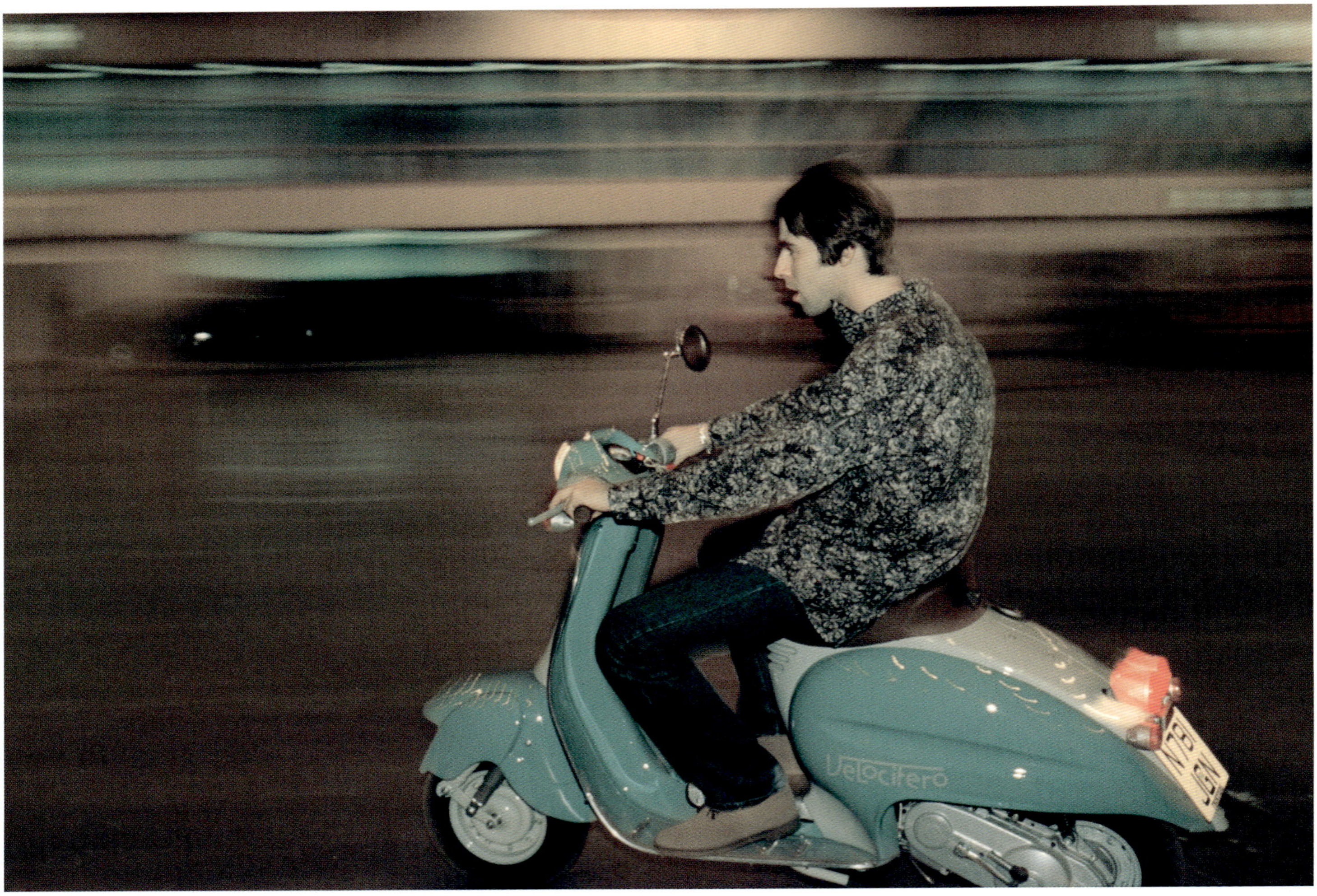
Velocitero

이탈리아에서 휴가를
보내고 있었다. 어느 날 밤,
밖에서 아이들이 스쿠터를
타고 쌩하고 지나가는
모습을 봤다. 스쿠터
이름이 뭐였는지 지금은
기억나지 않는다. 스쿠터
가게가 어디에 있는지
알아내서 밴드 멤버들에게
하나씩 사줘야겠다고
생각했던 건 기억난다.
우리는 그걸 타고 공연장
주변을 돌아다녔고,
나중에는 속도를 더
빠르게 달렸다.

←←/←

1995년 11월 4일~5일
얼스 코트
영국 런던

1995년 11월 4일~5일
얼스 코트
영국 런던

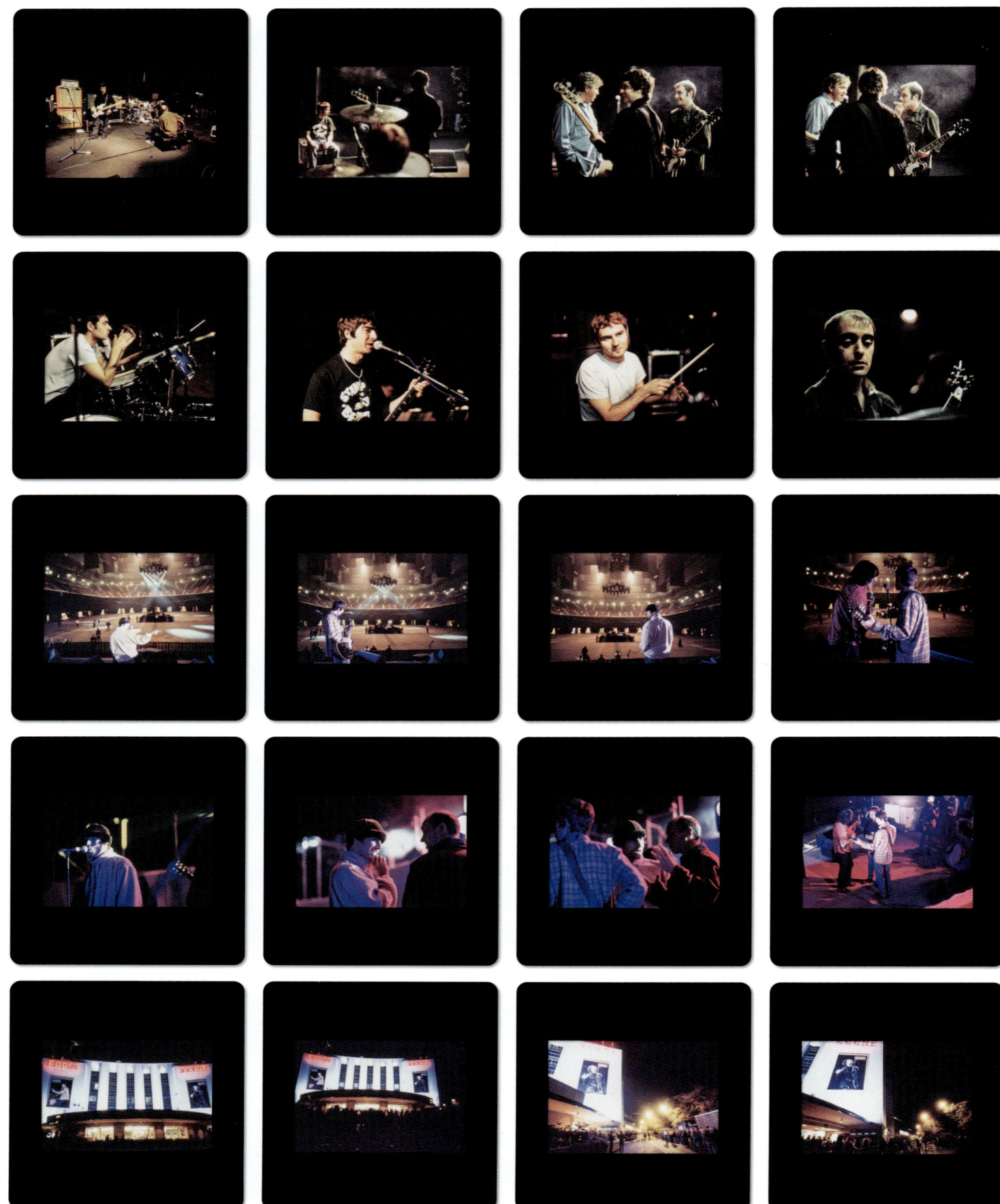

1995년 11월 4일~5일
얼스 코트
영국 런던

85

노엘과 리암은 나란히 서서 마이크 하나로 함께 노래한 적이 없었고, 무대에서 서로 팔짱을 낀 적은 확실히 없었다. 노래를 부르지 않을 때 리암은 무대 위를 거닐곤 했으므로, 그 둘을 사진 한 장에 담으려면 한 사람이 다른 사람 곁을 스쳐 지나갈 때 찍는 수밖에 없었다. 그리고 그런 일은 대개 무대 가장자리에서 일어났다. 항상 그 순간을 주시하고 있었다. 그런 장면들은 종종 음반이나 비디오 커버로 쓰이곤 했다.

1995년 11월 23일
프랑스 파리

→

파리는 오아시스
이야기에서 대단히 중요한
장소다. 우리는 그곳에서
정말 훌륭한 공연들을
해냈지만, 아주 파멸적인
낮과 밤을 겪기도 했다.
그곳은 내가 〈Don't Look
Back in Anger〉를 쓴
곳인 동시에 밴드가 해체된
곳이기도 하다.

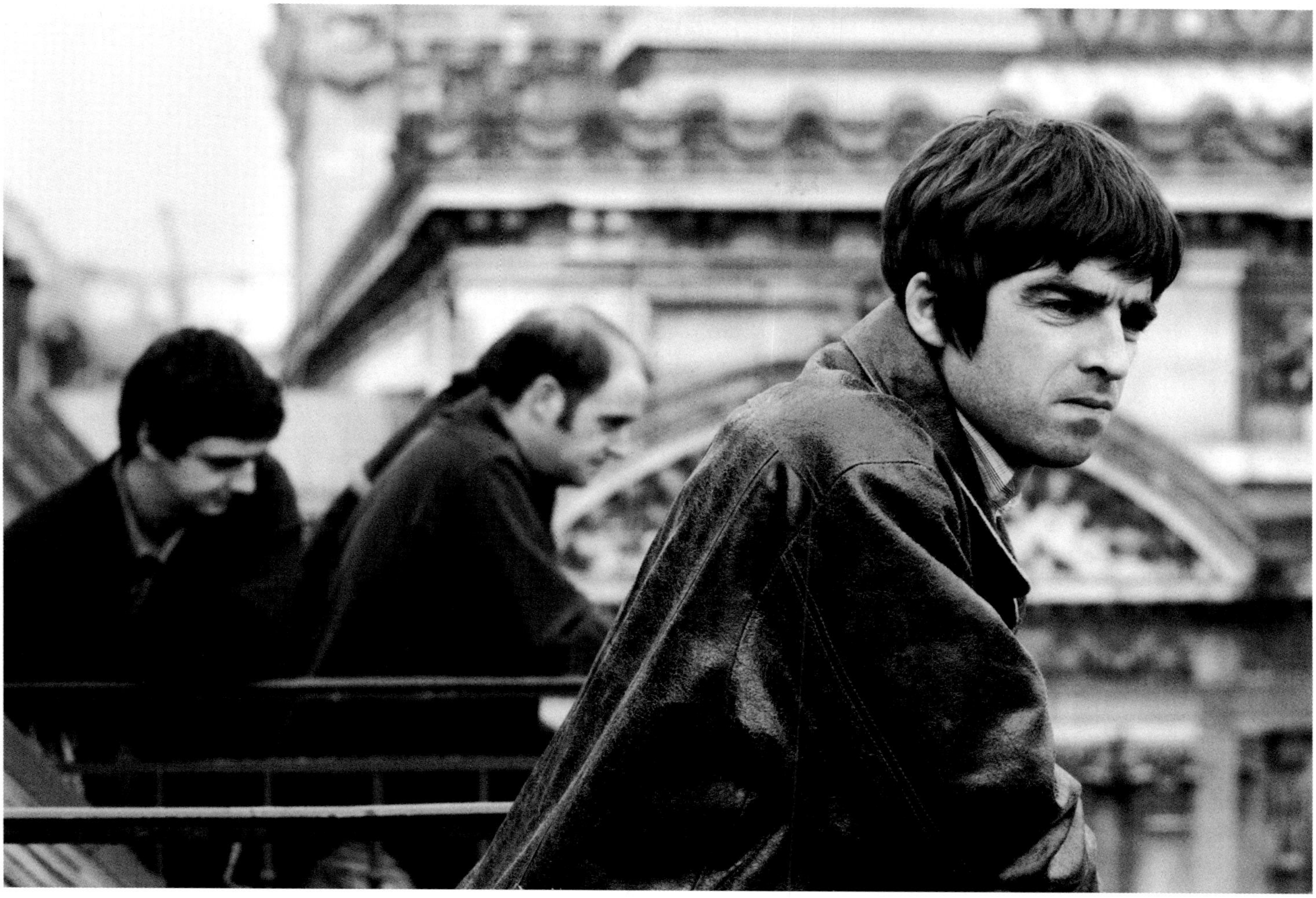

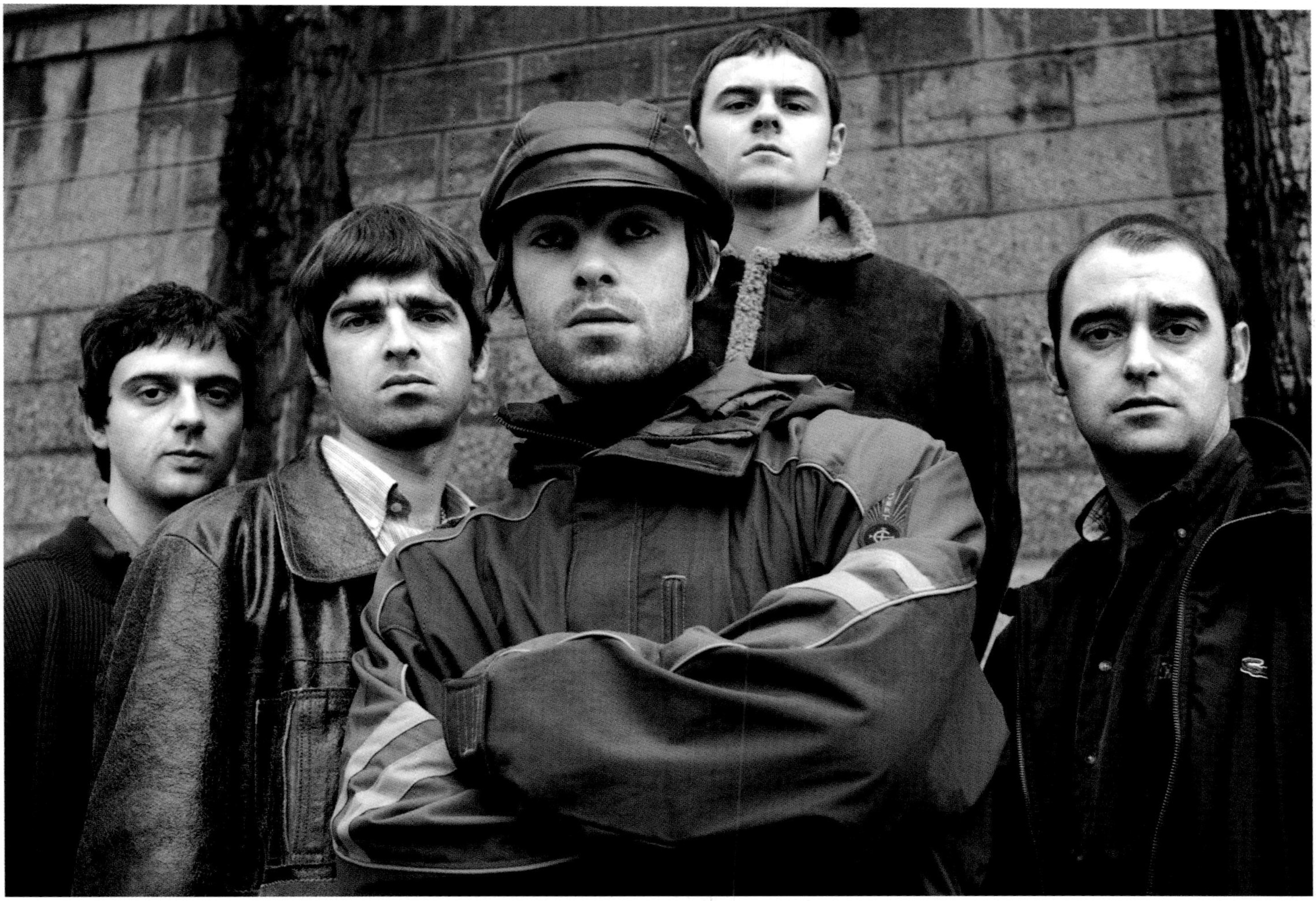

↑ →

1995년 11월 23일
프랑스 파리

우리가 거기 있는 것에
딱히 흥미가 없어 보인다.
리암이 완전히 고주망태가
되었고, 분위기가 아주
개판이었던 게 기억난다.
보다시피, 우리는 파리의
이 다리 위에서 사진을
찍으려고 한껏 차려입었다.
건축공사장에서 막 걸어
나온 것 같다. 이 사진을
볼 때마다, 내 표정에서
이렇게 말하는 게 느껴진다.
"질, 하늘에 맹세컨대,
진짜 빨리 찍지 않으면…."
왜냐하면, 아시다시피
가장 좋았던 시절에도
나는 사진 찍는 것을
좋아하지 않았으니까.

1995년 11월 23일
프랑스 파리

파리에서 우리는 오전 10시 30분쯤 노엘의 호텔 방에서 모인 다음 밖으로 나가서 사진을 찍기로 했다. 미니버스 두 대를 예약해 뒀다. 그래서 모두 노엘의 방에서 놀고 있었다. 리암만 뺀 채로. 그를 기다리는 동안, 뒤로 오페라 광장의 멋진 모습이 보이는 발코니에서 노엘과 나머지 멤버들의 사진을 몇 장 찍었다. 알고 보니 리암은 호텔 바에서 밤을 꼴딱 새우고도 여전히 거기에 있었다. 내 조수가 가서 그를 설득했고, 우리는 모두 강으로 출발했다. 당시 노엘은 격분해 있었다. 그곳에 도착하자, 리암은 와인잔을 손에 든 채 이리저리 돌아다니며 지나가는 사람 아무에게나 인사를 건넸다. 나는 노엘에게 다리 위로 가서 리암이 합류할 때까지 기다리자고 했다. 마치 리암이 무대 위를 거닐다가 한 프레임에 들어오기를 기다리던 것처럼 말이다. 리암이 왔을 때, 두 사람이 담긴 사진을 찍는 데 필름 한 통을 다 썼다. 나중에 우리는 센강 변에서 클래식한 밴드 사진을 몇 장 더 찍었다. 리암은 나무 아래에 잠시 누웠다. 어쨌든 아직 잠들지 않은 상태로.

그 젠장맞을 밤, 크리에이션이 우리를 위해 파티를 열었다. 나는 늦게 도착했는데, 밖에 롤스로이스가 주차되어 있었다. 밴드 멤버 모두가 빈티지 롤렉스를 차고 있었다. 정말 멋진 시계들이었다. 아마 지금은 자동차보다 더 비쌀 것이다. 내가 제일 늦게 호출을 받았다. 그들은 "시계가 없네요"라고 했다. 나는 "밖에 있는 게 내 차요?"라는 식으로 말했다. 그러자 그들은 "아, 네, 맞아요"라고 했다. 그리고 젠장맞을 리암의 얼굴! 자기는 시계를 받았는데 난 차를 받았다고 생각한 거야…! 아직도 나는 운전을 못 한다. 그 차가 어떻게 됐는지조차 모른다.

←

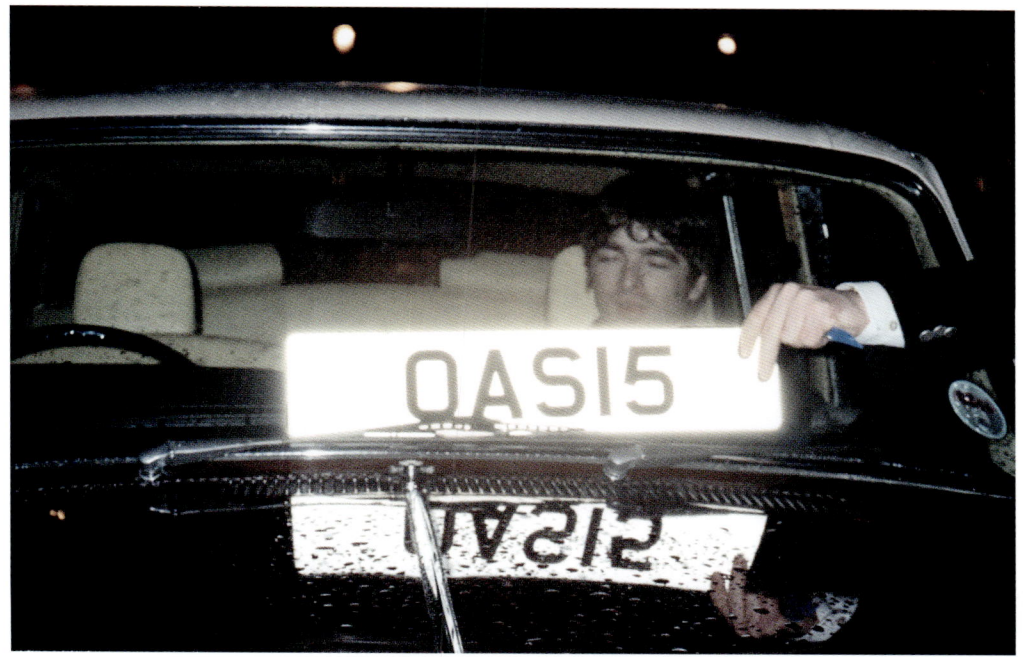

← →

1995년 12월 22일
크리에이션 파티
영국 런던

리암과 노엘이 크리스마스 파티에서
선물을 확인하고 있다. 이 파티에는
에밀리 이비스도 참석했다(왼쪽 위).

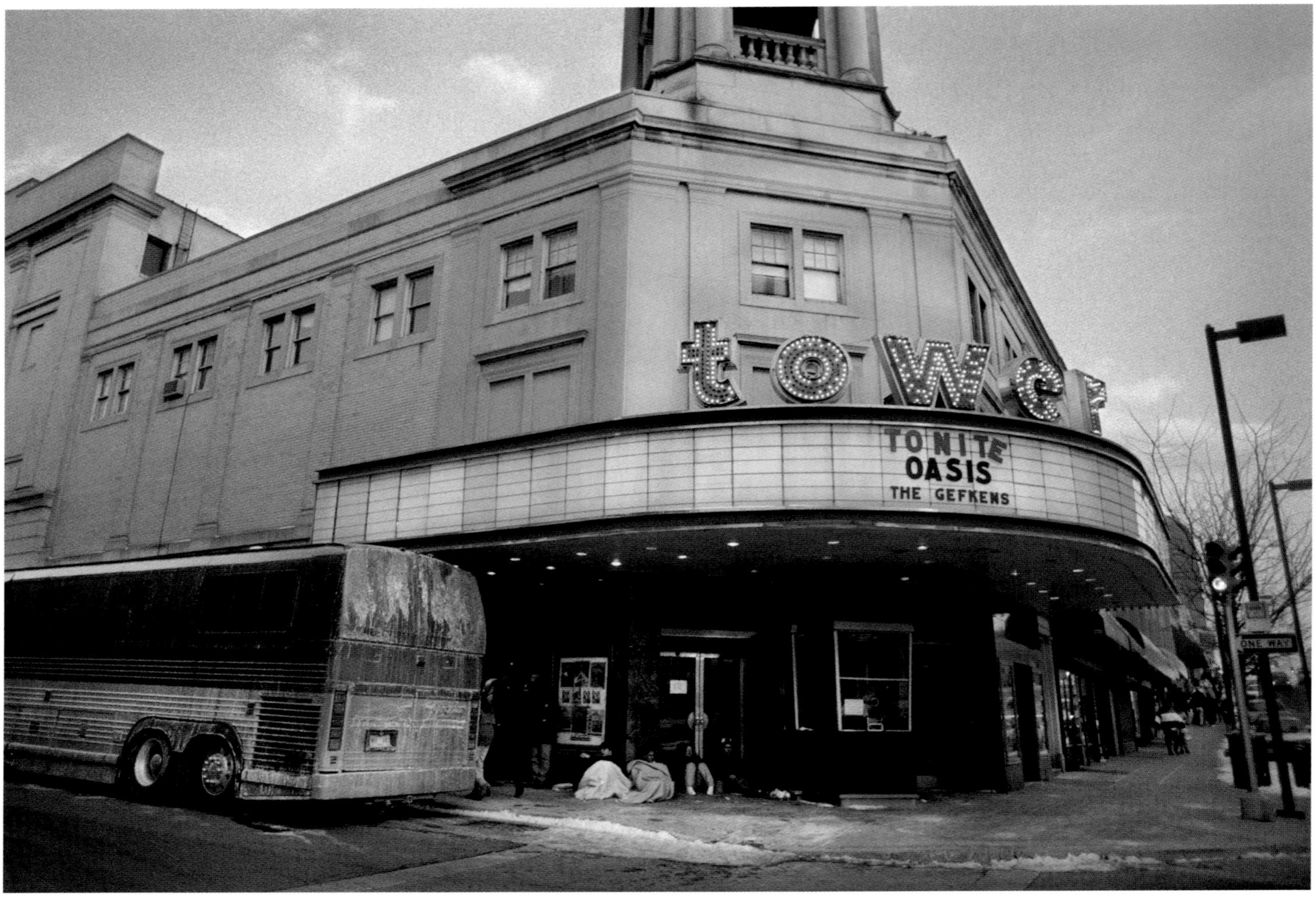
tower
TONITE
OASIS
THE GEFKENS
ONE WAY

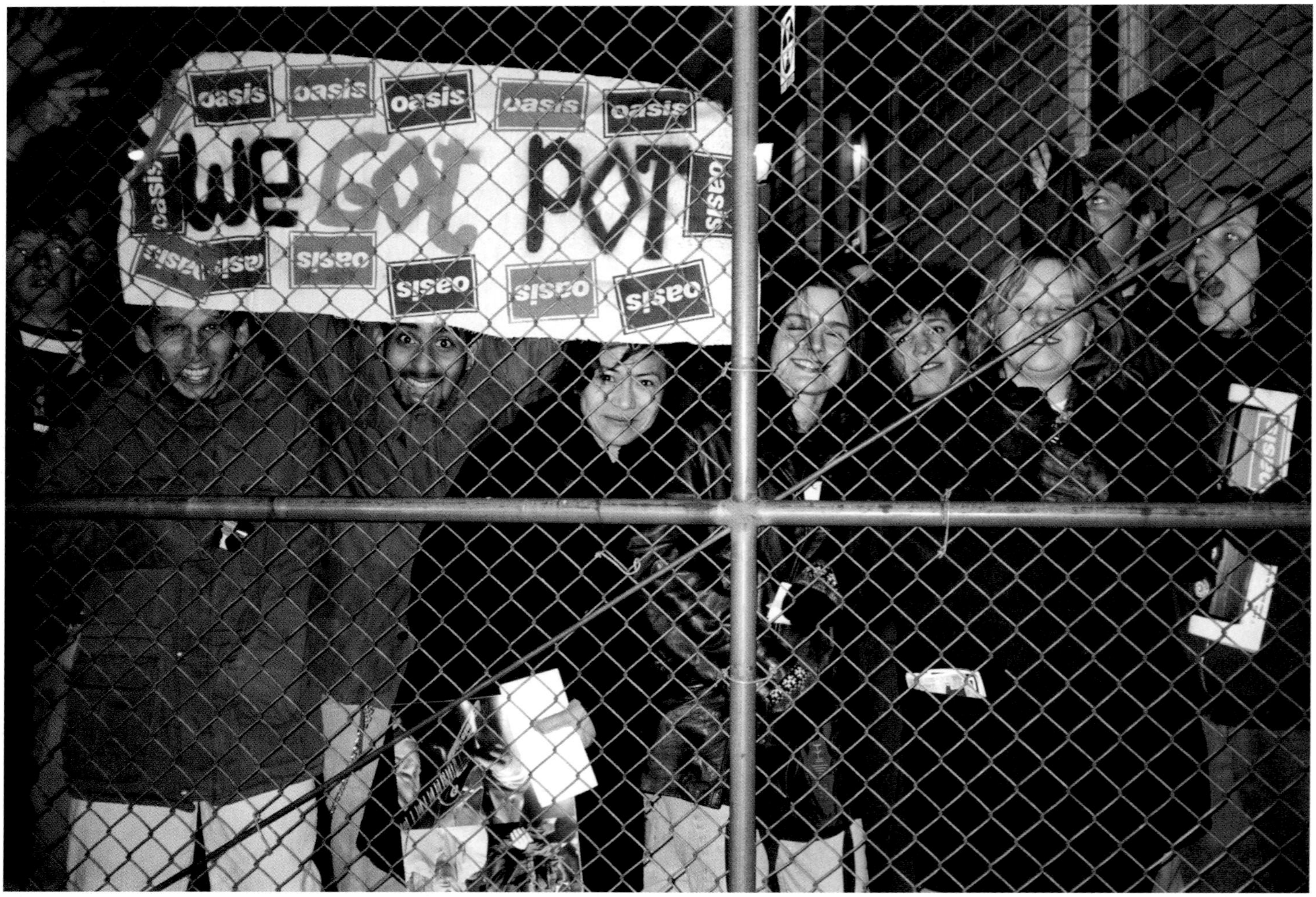
oasis
WE GOT POT

1996년 3월 9일
미국 투어, 필라델피아
미국 펜실베이니아

"마리화나 있음." 그렇다. 만약 마리화나를 피우지 않는 밴드가 있다면, 바로 오아시스다. 물론 오아시스 공연에서 그렇게 말한다고 당신을 무대 뒤로 데려가지는 않을 것이다. 하지만 당신이 "코카인 있어"라고 말한다면, 우리는 이렇게 말할 것이다. "좋아. 들여보내!"

1996년 3월 9일~10일
미국 투어, 필라델피아
미국 펜실베이니아

미국 투어에서는 공연장 사이가 워낙 멀기 때문에, 투어 버스에서 하루 자고 다음 날 호텔로 들어가는 경우가 허다하다. 버스에서 내 침대는 리암 맞은편에 있었다. 그가 그 작은 침실에서 자는 모습을 보고 사진을 찍어야겠다고 생각했다. 플래시가 터지면 그가 잠에서 깨서 나를 때리지 않을까 하고 걱정했지만, 다행히 그는 꼼짝도 하지 않았다.

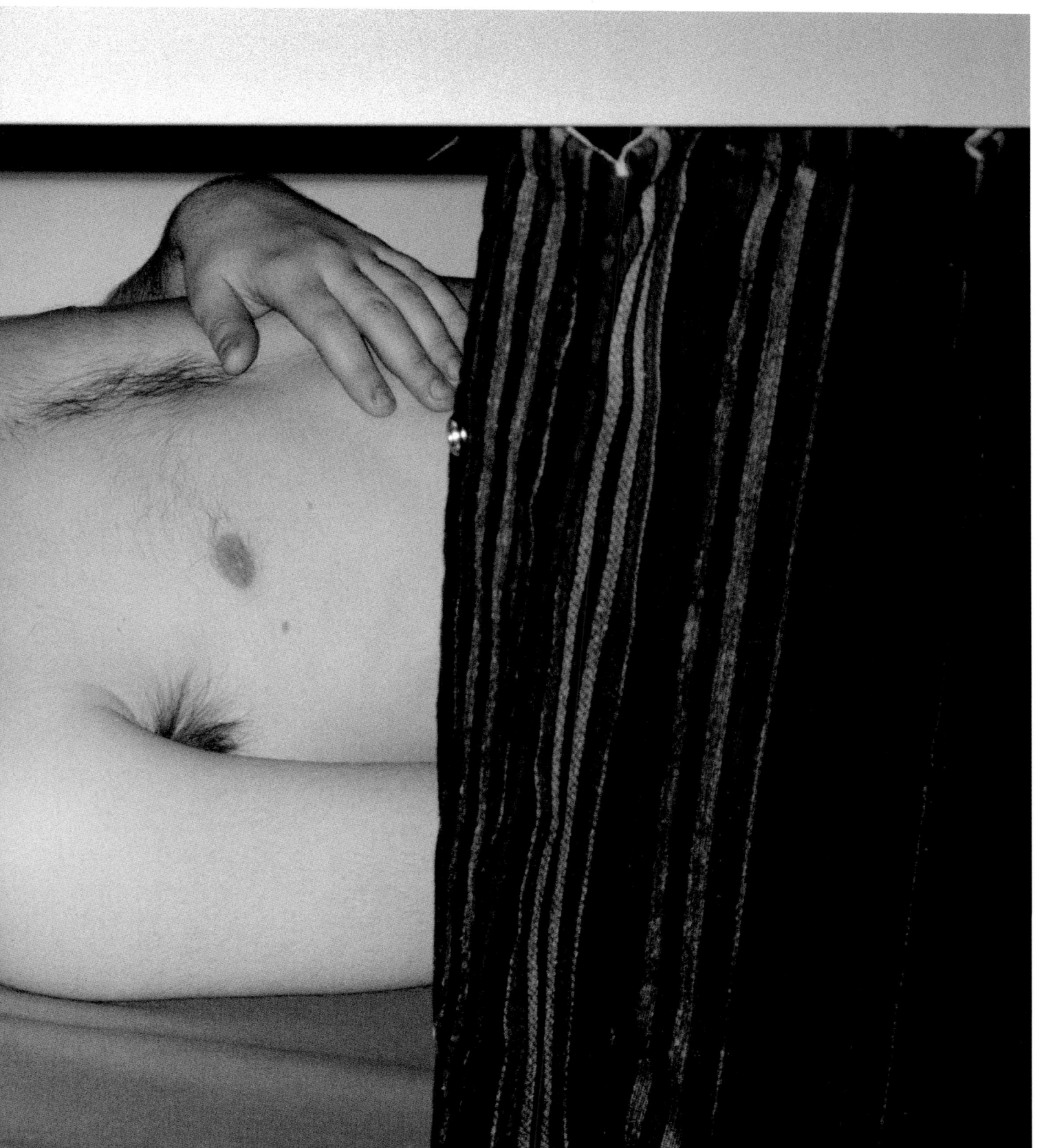

이 코트는 절대로 벗겨지지
않았다. 약 1년 반 동안
리암은 무대 위에서나
밖에서나 이 코트를 입고
지냈다. 내가 아는 한 그
투어 동안, 이 코트는
세탁소 같은 곳에 간 적이
없다. 아마 투어가 끝났을
때 쓰레기통으로 직행했을
것이다. 이 코트는 그
투어의 모든 사진에
등장한다…. 그래… 악취가
엄청 심했을 거다.

→ / → →

**1996년 3월 10일
미국 투어
미국 로드아일랜드**

1996년 3월 12일~13일
미국 투어, 뉴욕 북부
미국 뉴욕

1996년 3월 12일~13일
미국 투어, 뉴욕 북부
미국 뉴욕

당시 노엘이 모든 인터뷰, 언론 보도, 라디오 방송을 혼자 도맡았다. 그때 캐츠킬산맥에 있는 라디오방송국에서 노래를 불러 달라는 요청을 받았다. 눈이 많이 쌓이고 기온이 영하로 떨어진 날이었다. 노엘은 얇은 파카만 갖고 있었다. 스키복을 차려입은 몇몇 관객 앞에서 연주하는 동안 노엘의 손가락은 거의 기타 프렛에 얼어붙을 뻔했다. 리무진에서 그의 곁에 잠들어 있는 사람은 경호원 케빈이다.

←← / ←→

1996년 3월 23일
더 포인트
아일랜드 더블린

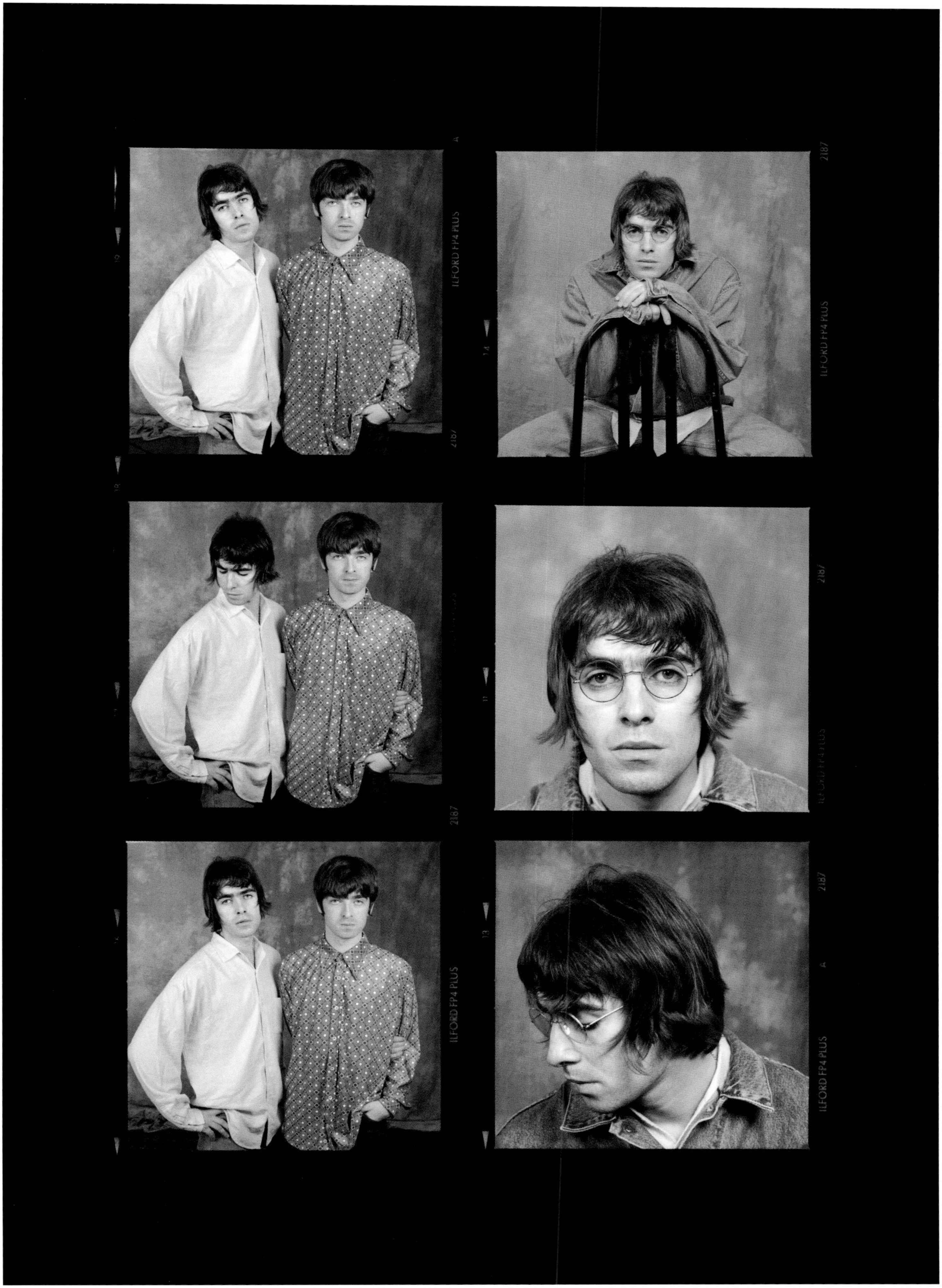
ILFORD FP4 PLUS
2187
ILFORD FP4 PLUS
2187
2187
ILFORD FP4 PLUS
2187
ILFORD FP4 PLUS
2187
ILFORD FP4 PLUS

UMBRO
M.&W. FREIGHT LTD.
FOSTERS
brother
Lloyds Metal Group plc
PRESSPART
DEBORAH SERVICES
makro

이 사진이 1996년이라는 사실이 놀라운 점은, 우리가 1994년에야 음반 계약을 맺었기 때문이다. 즉 아무것도 없이 시작해서 18개월 만에 이렇게 된 것이다. 이것이 우리의 첫 스타디움 공연이다. (뒤에 나오는) 사진은 밴드와 관객의 관계에 관한 이야기를 들려준다. 이 사진은 내게 그 스타디움에 있는 모든 사람이 마음과 영혼을 다해 우리와 함께하고 있음을 알게 해준다. 아직 연주를 시작하지 않았는데도 말이다. 보라! 단 한 음도 연주하지 않았다. 심지어 우리는 플러그조차 꽂지 않았다. 이 반응을 보라! 다른 밴드들은 20년을 기다려도 절대 이런 걸 이룰 수 없다.

←← / ← / →→

1996년 4월 26일~28일
메인 로드
영국 맨체스터

1996년 4월 26일~28일
메인 로드
영국 맨체스터

1996년 4월 26일~28일
메인 로드
영국 맨체스터

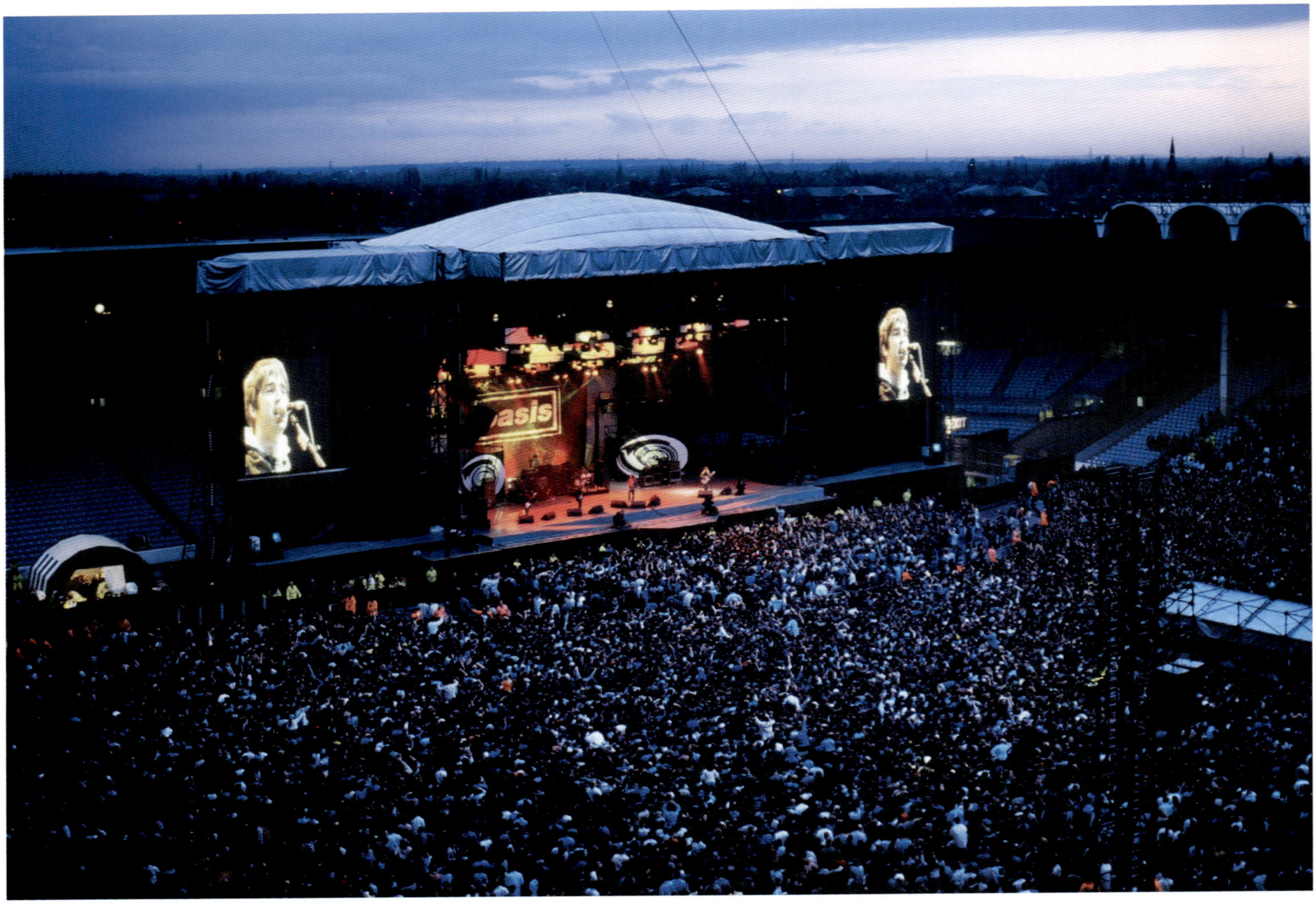
oasis

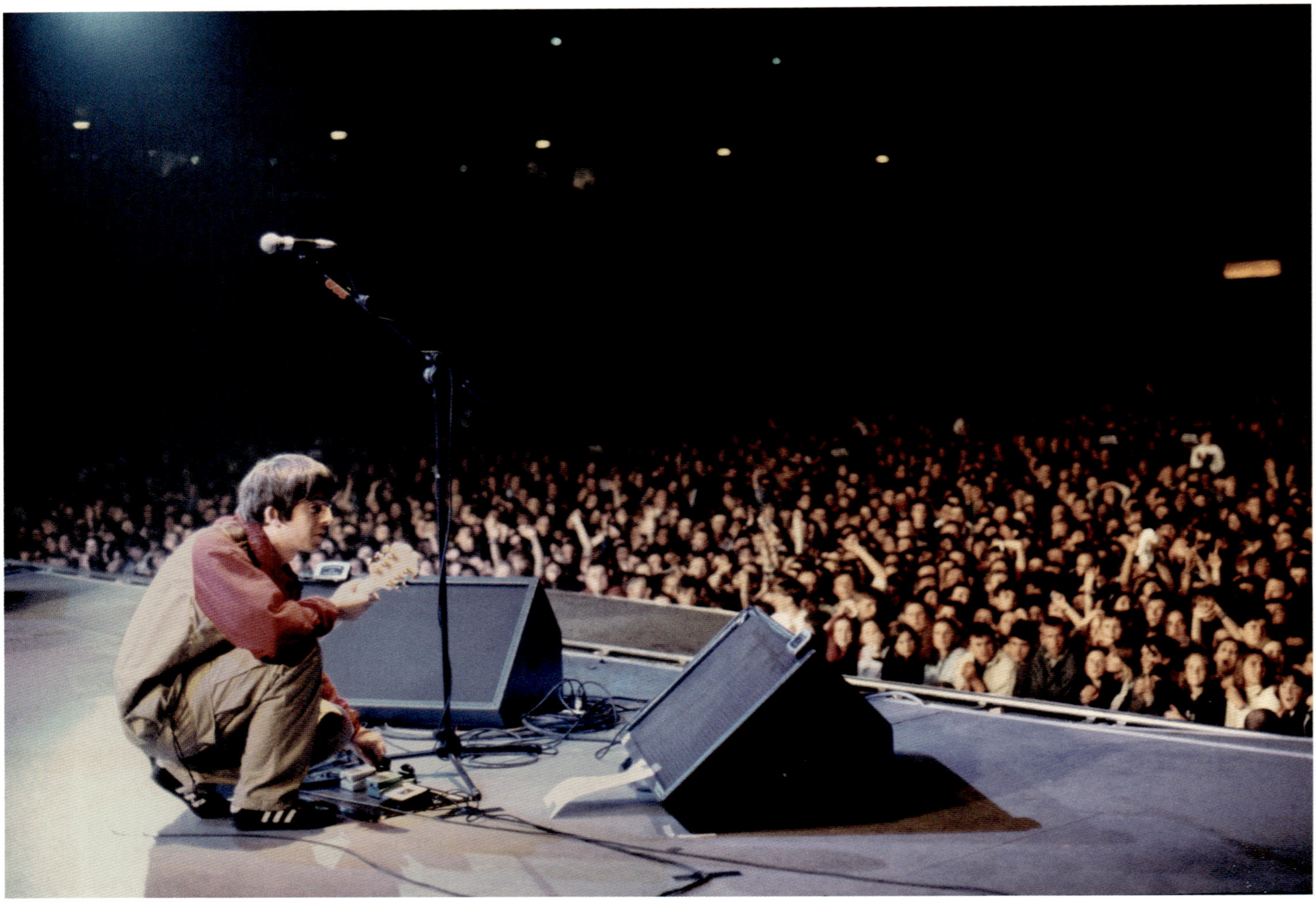

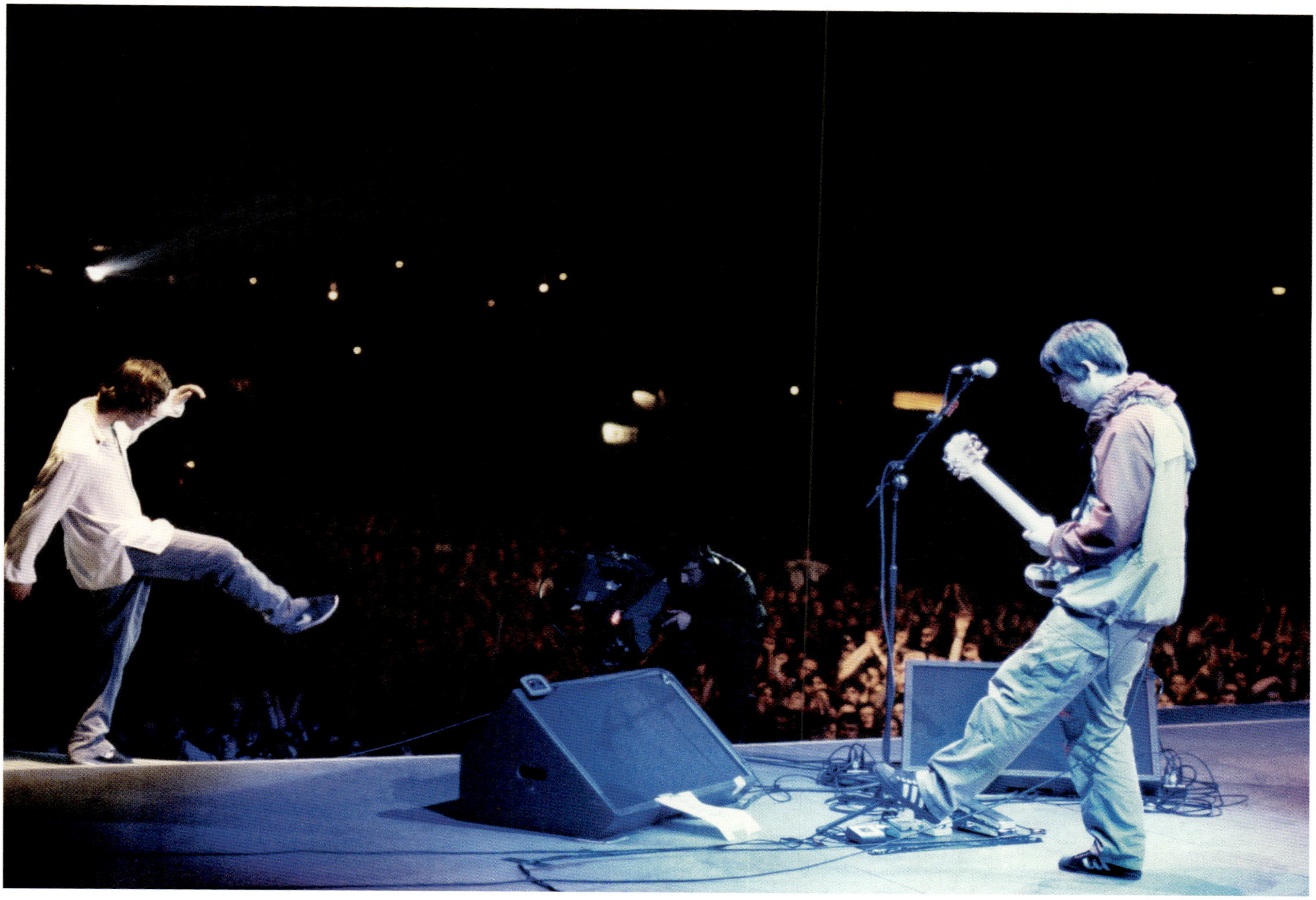

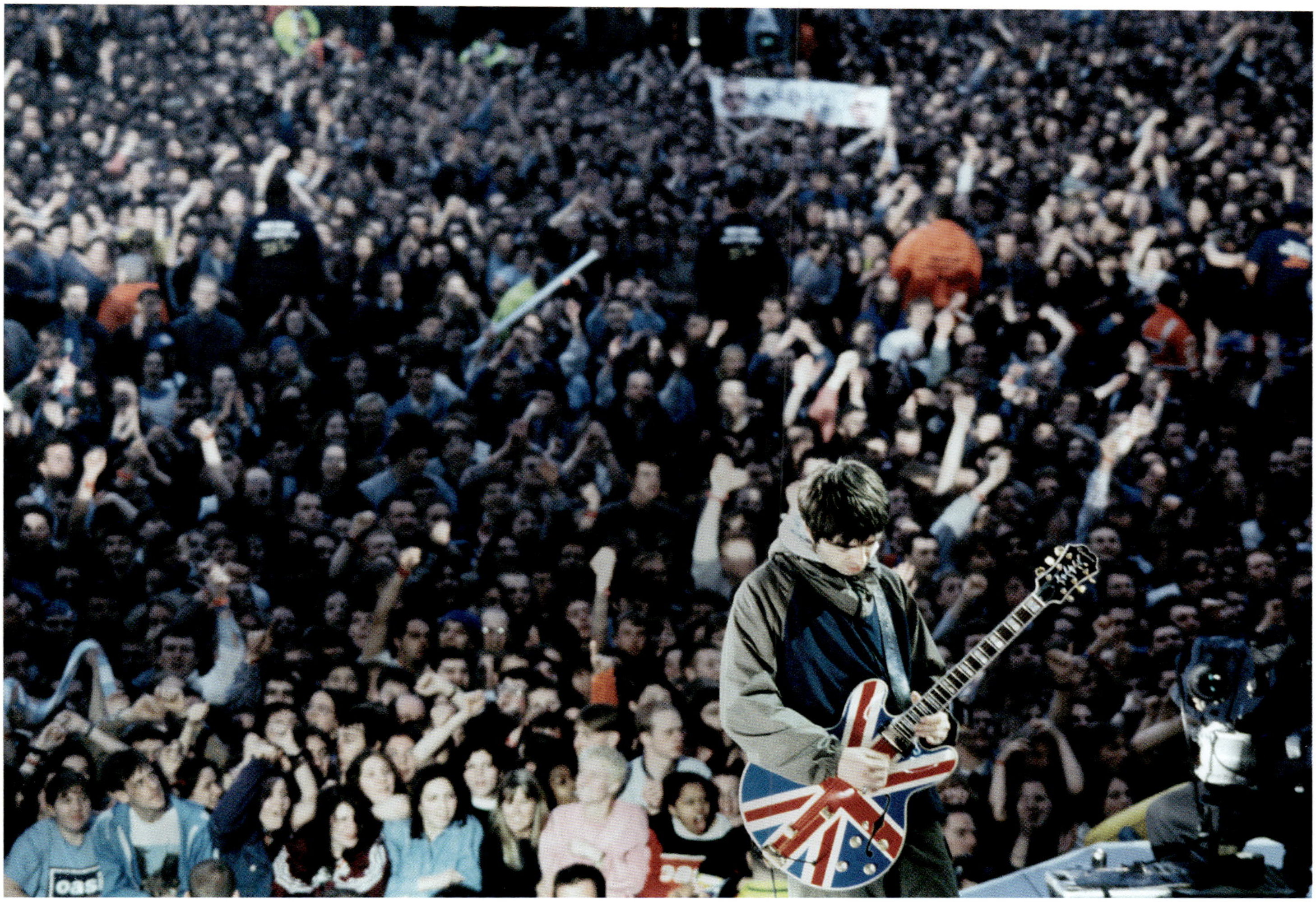

나는 산타모니카의 호텔에 있었다. 리셉션에 있던 이 남자에게 눈길이 갔다. 자리에서 일어나 그에게 다가갔다. "혹시 버트 배커랙 아니세요?" 그는 우리와 대화를 나눴고, 첫 영국 공연을 하러 런던으로 가는 중이라고 했다. 나는 "누가 〈This Guy's in Love With You〉를 부를 건가요?"라고 했다. 내가 아주 좋아하는 노래 중 하나였다. 그러자 그는 "당신이 해보지, 그래?" 라고 했다. 길고도 놀라운 이야기를 요약하자면, 질이 나와 함께 왔고, 결국 우리는 그의 분장실로 들어갔다.

→

**1996년 6월 28일
로열페스티벌홀
영국 런던**

로열페스티벌홀에서 케이트 모스와 노엘이 버트 배커랙의 분장실에 있는 모습과 노엘이 무대에서 버트와 함께한 모습.

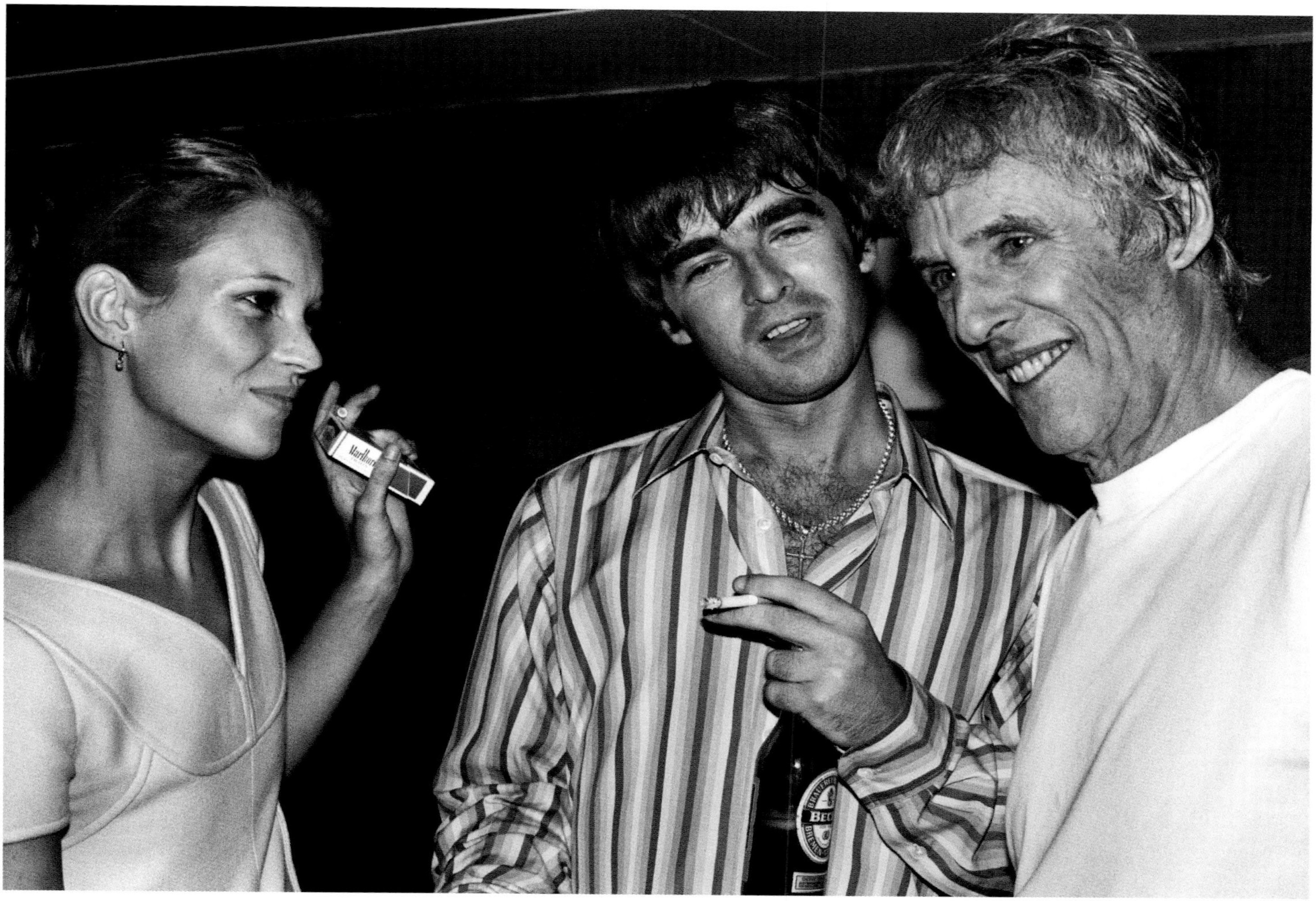

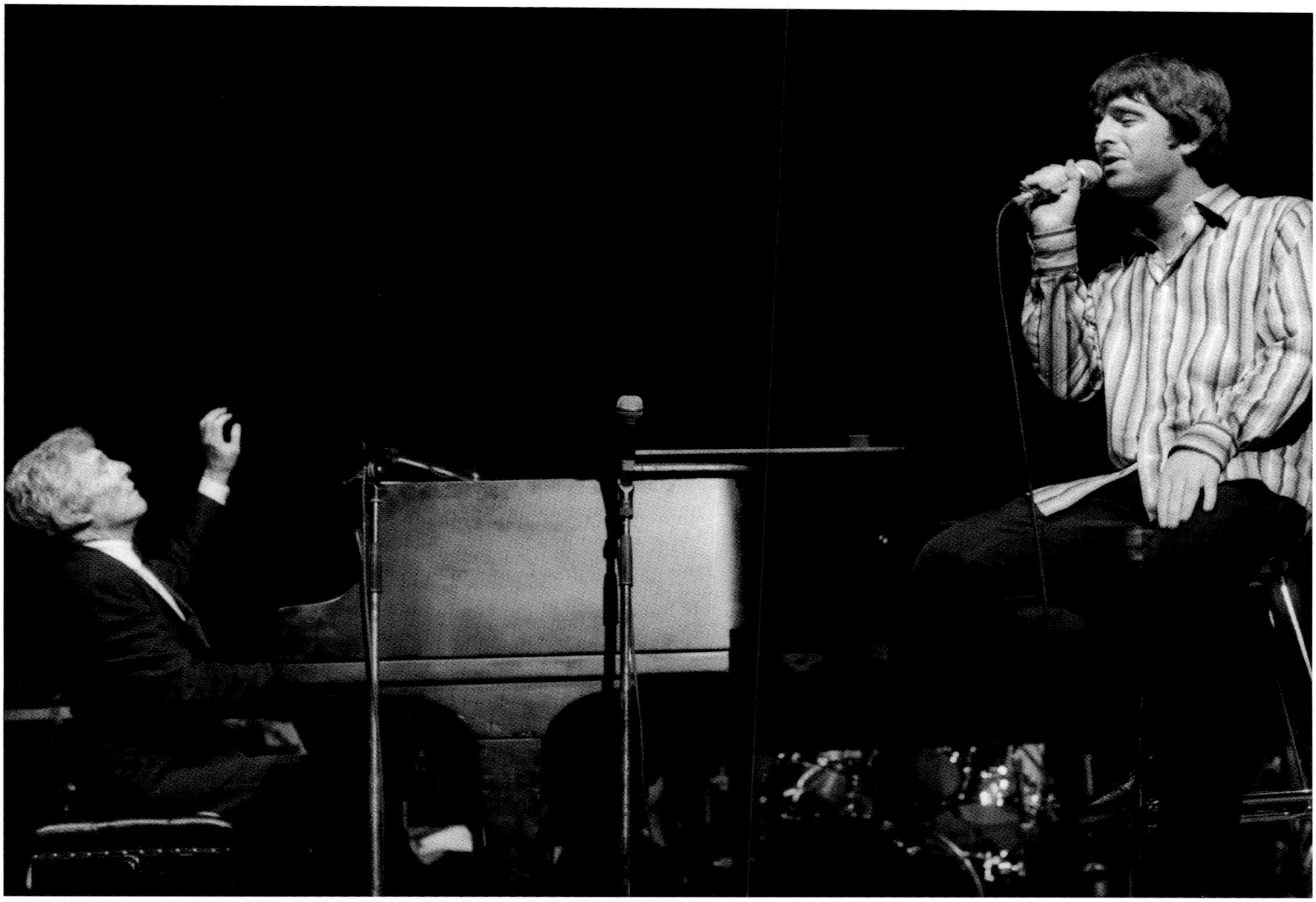

↓ → / → →

1996년 7월 28일~29일
NEC 리허설
영국 버밍엄

1996년 7월 28일~29일
NEC 리허설
영국 버밍엄

1996년 8월 4일
발록 캐슬 컨트리 파크
스코틀랜드 로몬드호

그야말로 굉장한
여름이었다. 여름 내내
우리는 헬리콥터를 타고
돌아다니며 역대급으로
큰 공연장들을 누볐다.
아시다시피, 우리의 등장은
슬라이스치즈 발명 이후
가장 큰 사건이었다.

→→

1996년 8월 10일~11일
넵워스 파크
영국 하트퍼드셔

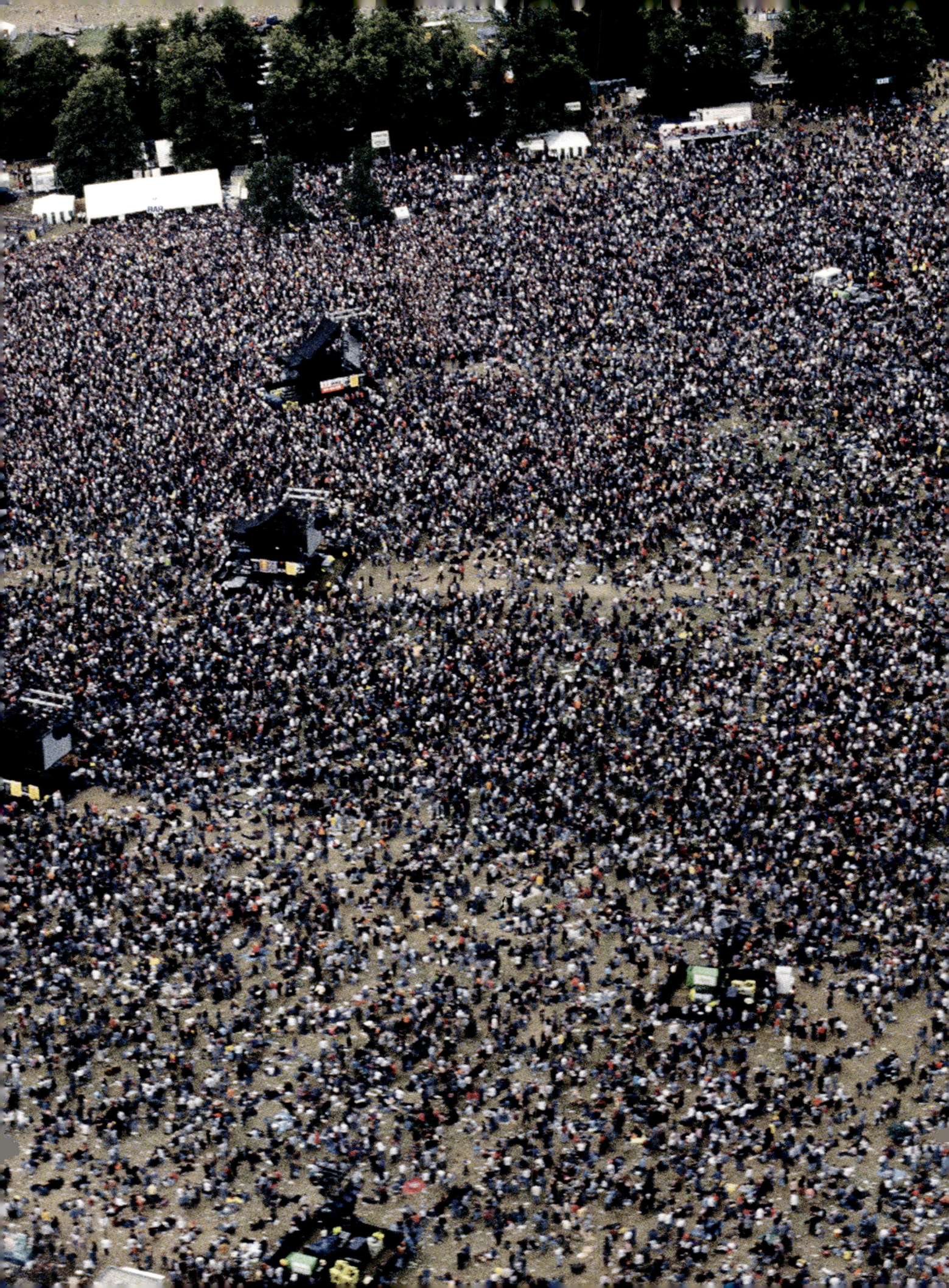

그런 대규모 공연들을
시작하기 전에도, 우리가
미리 의논하는 일 따위는
없었다. 나는 담배를
피웠고, 리암은 맥주를
마셨다. 누군가 들어와서
이렇게 말했다. "그렇지,
이거거든." 우리는 단지
무대에 올라 공연하고,
끝나면 내려왔을 뿐이다.
"좋아, 다들 나가, 우리
기도해야 하니까"라는 말
따위는 없었다.

←← / → / →→

**1996년 8월 10일~11일
넵워스 파크
영국 하트퍼드셔**

넵워스에서 열린 두 번의
공연은, 노엘과 내가 기억하기로
휴대전화가 없던 시절의 마지막
공연이었으므로 매우 친근한
느낌이었다. 두 번째 공연
무대에서, 리암은 약혼녀 팻시
켄싯의 커다란 크림색 스웨터를
빌려 입고 나왔다. 아마 여름밤
뜨거운 조명 아래서 입기에 딱
알맞은 옷은 아니었을 것이다.
하지만 어찌 됐든 그런 이미지는
그의 상징처럼 되었다. 이것은
내가 항상 찾아내려 한 또 다른
'갤러거 형제 사진'으로, 노엘이
기타와 앰프에 붙어 있을 때
리암이 스쳐 지나가고 있다.

1996년 8월 14일~15일
파르크 이 키브
아일랜드 코크

코크의 스타디움에서는 더욱 활기가 넘쳤다. 관객들은 겹겹이 모여 선 채 흥분해서 열정적으로 모든 곡을 따 라 불렀다. 그들은 아일랜드계 밴드를 응원하는 아일 랜드 관객들이었다. 관객도 공연의 일부였다.

BE HERE NOW

1996년   애비 로드 / 영국 런던
             더 워링턴 / 영국 런던
             리지 팜 스튜디오 / 영국 서리
             #2 환희와 시련 / 조니 홉킨스

1997년   에어 스튜디오 / 영국 런던
             복싱링 / 영국 위건
             홀로그램 스튜디오 / 영국 런던
             킹스 크로스 / 영국 런던
             뮤직뱅크 / 영국 런던
             오클랜드, 샌프란시스코 / 미국 캘리포니아
             에어 스튜디오, 얼스 코트 / 영국 런던
             스히폴 공항 / 네덜란드 암스테르담
             페스트할레 / 독일 프랑크푸르트
             SEC센터 / 스코틀랜드 글래스고
             웸블리 아레나 / 영국 런던

RELEASED	1997년 8월 21일
RECORDED	1996년 11월~1997년 4월
STUDIOS	애비 로드(런던) 리지 팜 스튜디오(서리) 에어 스튜디오(런던) 마스터 록(런던) 오리노코 스튜디오(런던)
LENGTH	71분 31초
LABEL	크리에이션
PRODUCERS	오언 모리스 노엘 갤러거
ARTWORK	

미국 투어 도중에 노엘이 잠시 실종된 일이 있었다. 누구도 그가 어디 있는지, 또 밴드가 어디 있는지 알지 못했다. 당시 내 이웃이던 타블로이드 사진작가 데이브 베넷은 내가 그들을 아파트에 숨기고 있다고 생각했다. 그는 계속 울타리 너머를 바라보며 물었다. "그들을 저기에 데리고 있어요?" 노엘과 밴드가 다시 나타났을 때, 나는 그들이 여전히 함께라는 것을 증명하기 위해 애비 로드 스튜디오에서 사진을 찍어야 했다. 그때 그들이 만든 음반이 《Be Here Now》다.

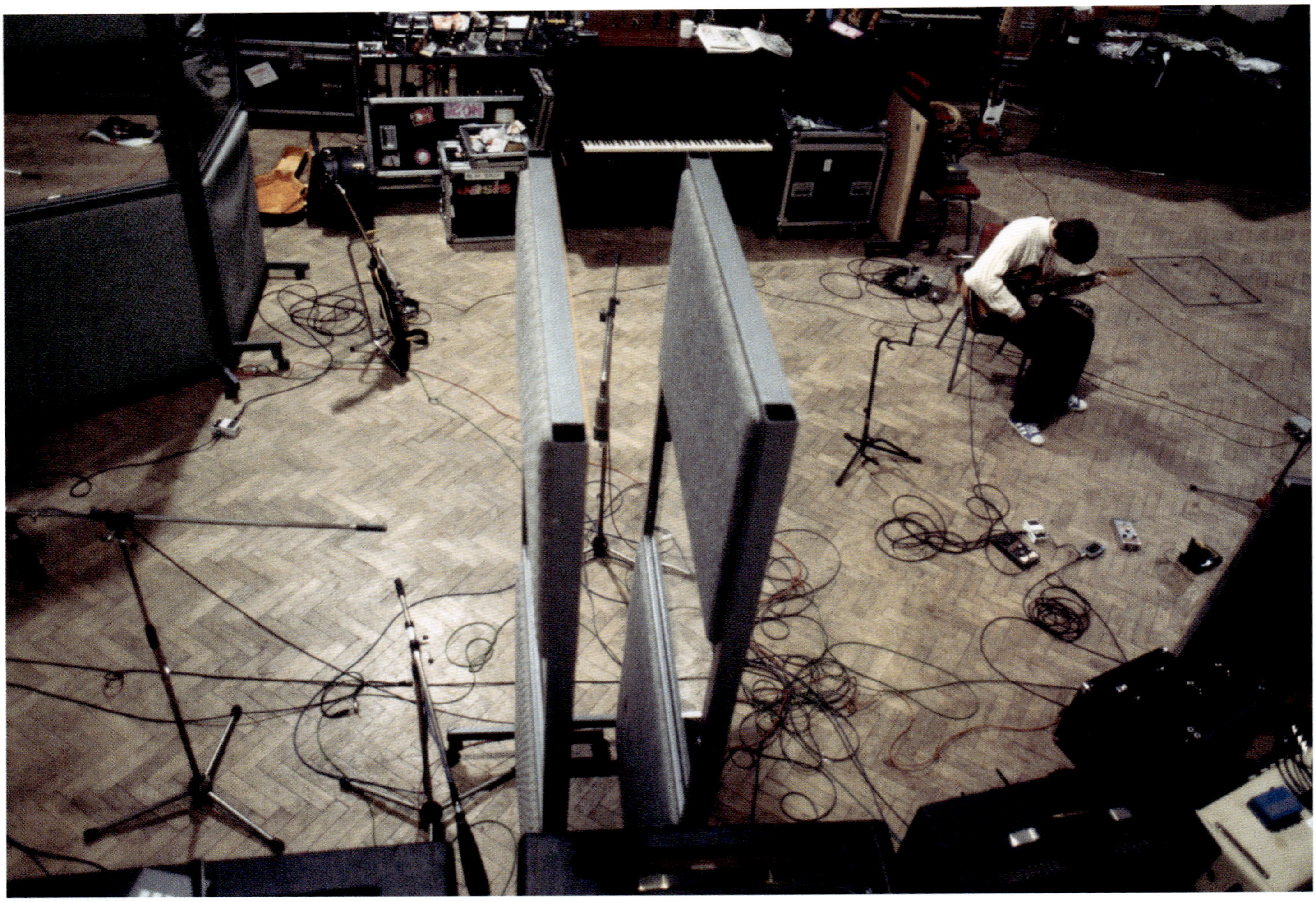

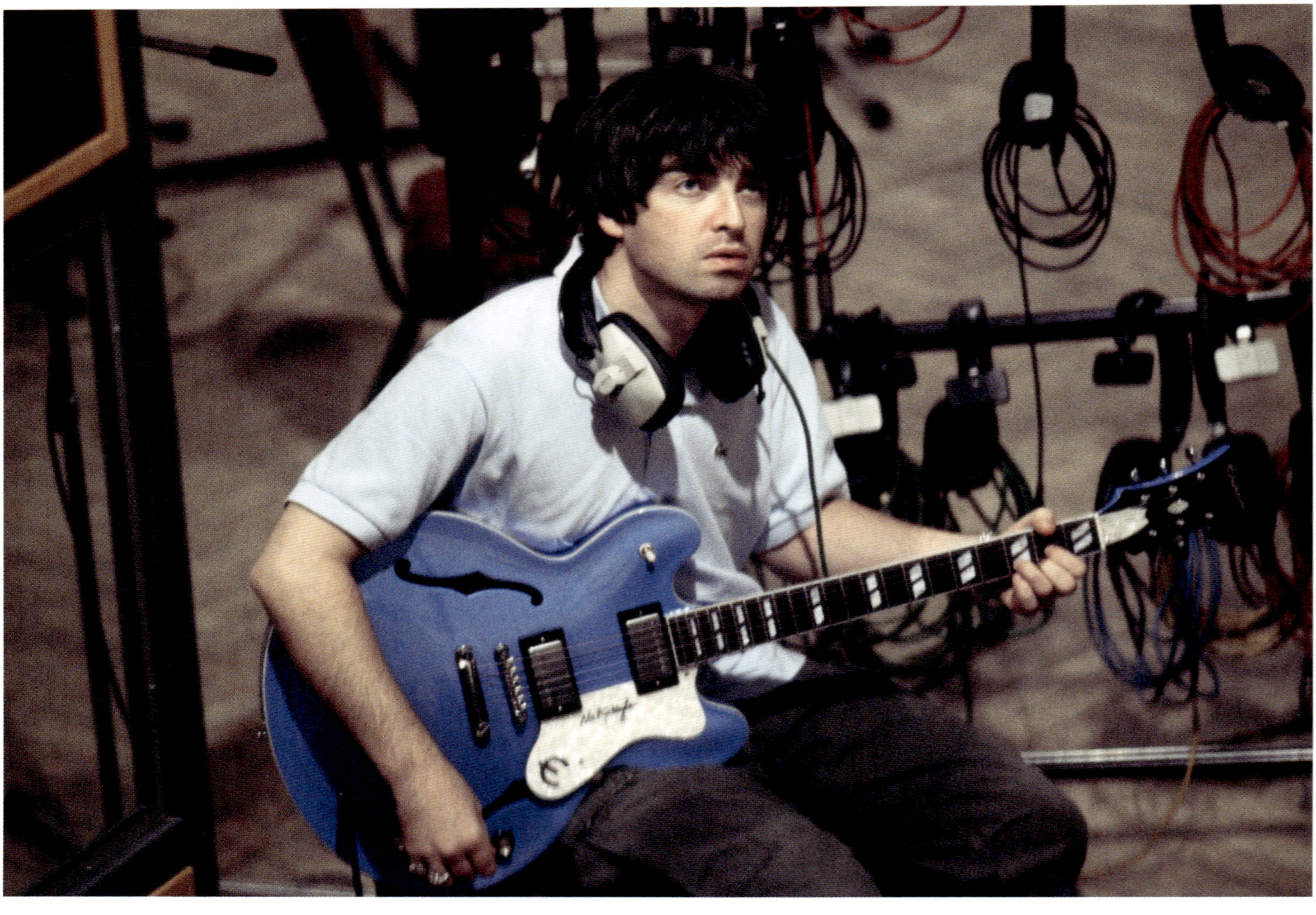

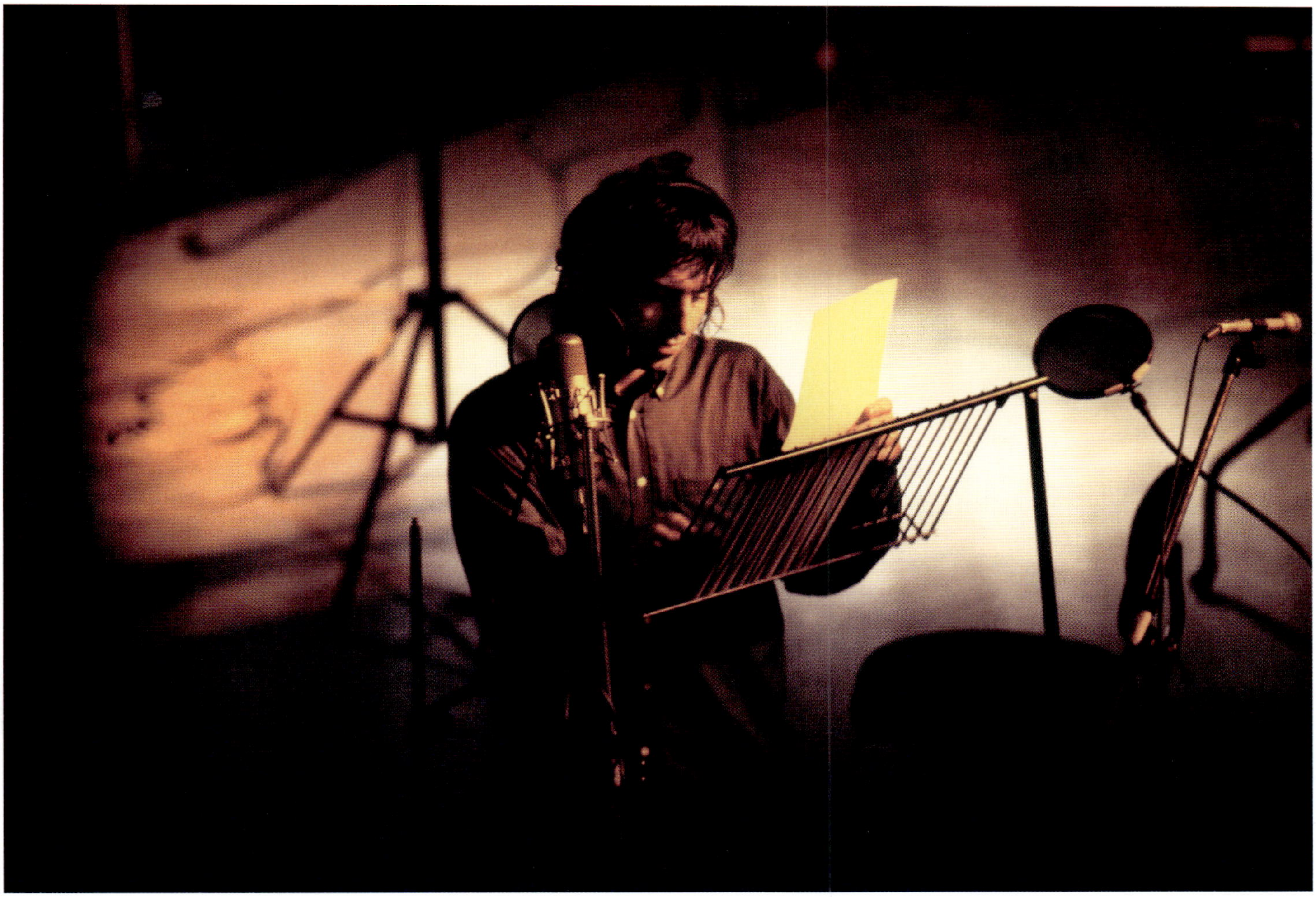

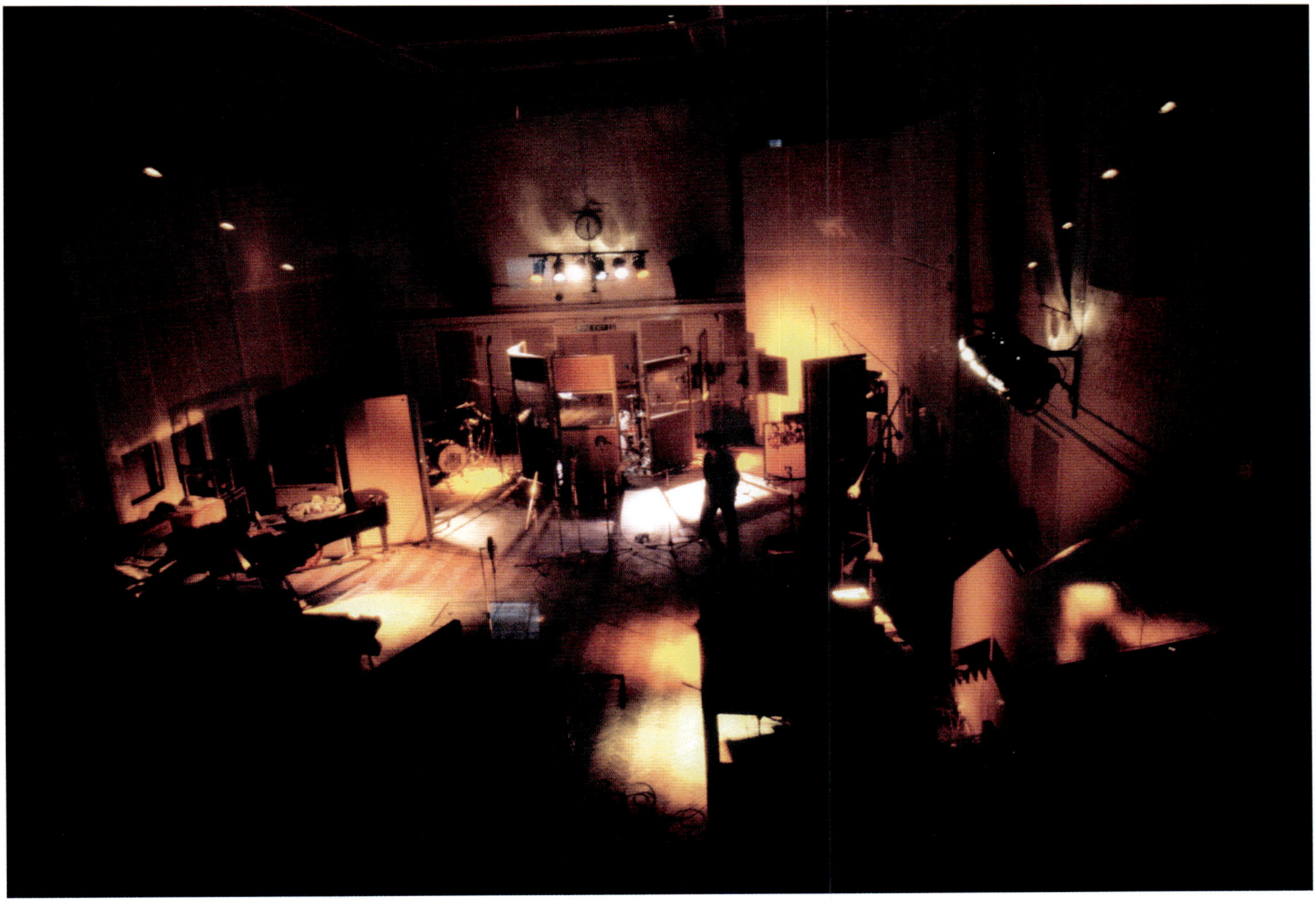

1996년 10월~11월
애비 로드
영국 런던

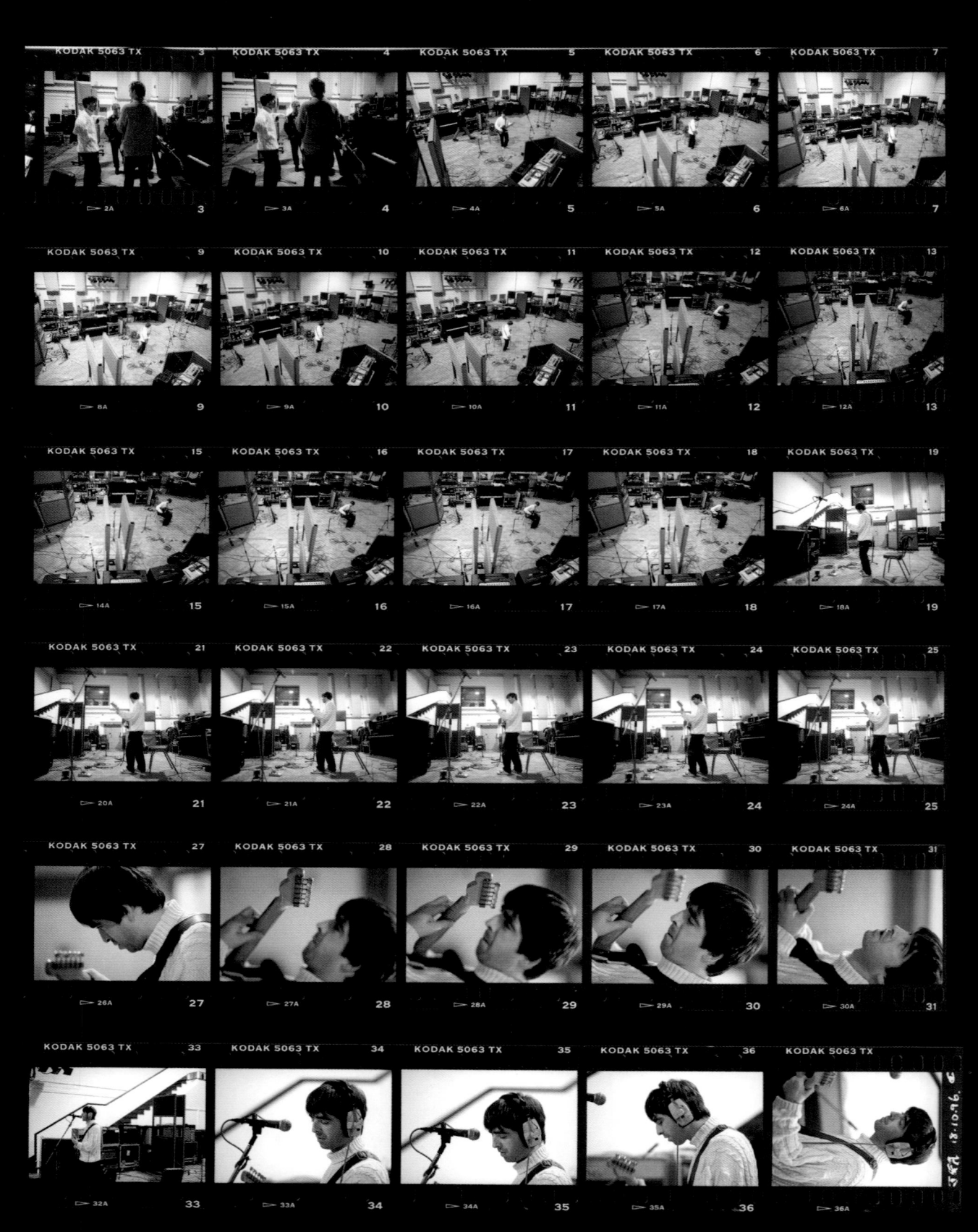

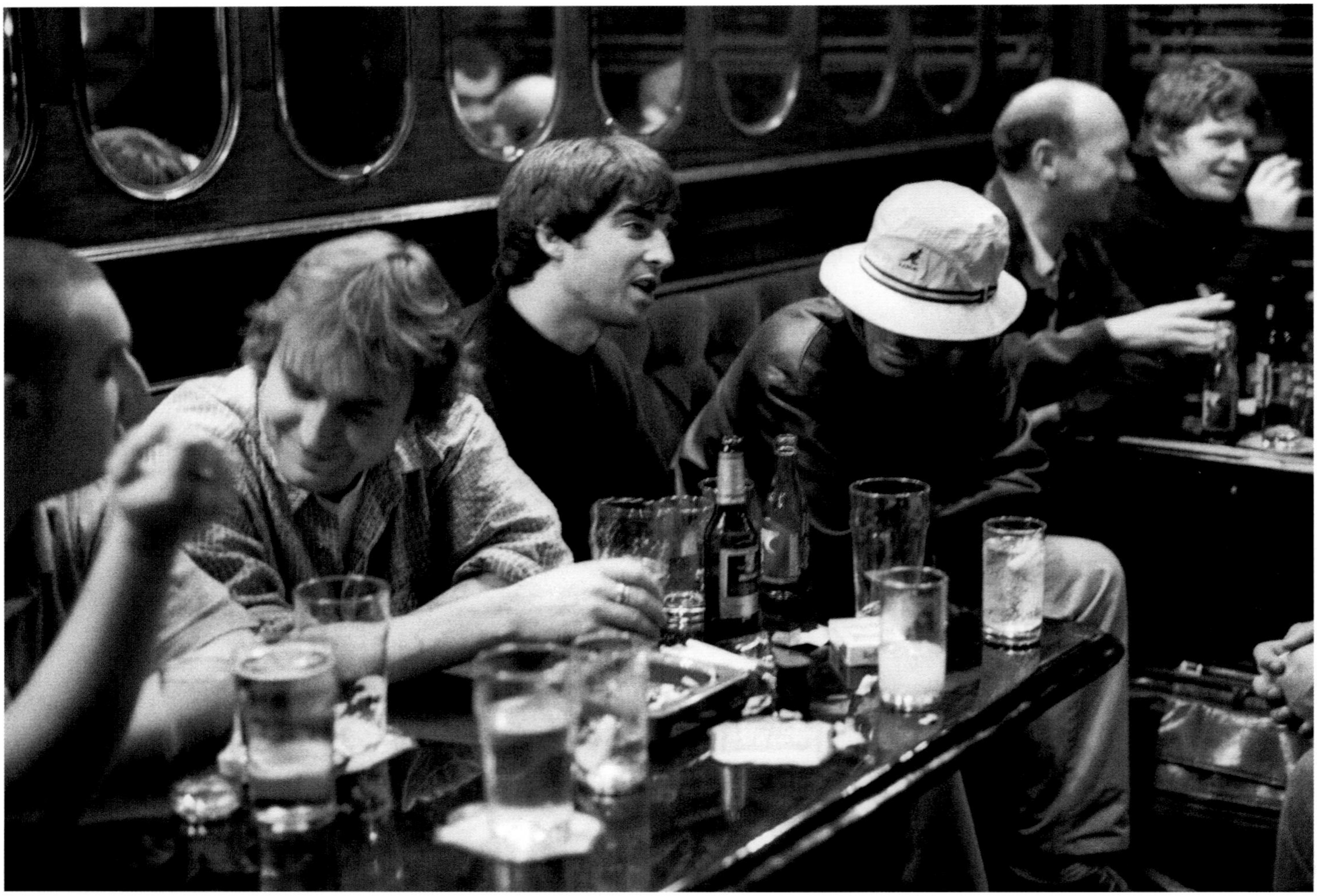

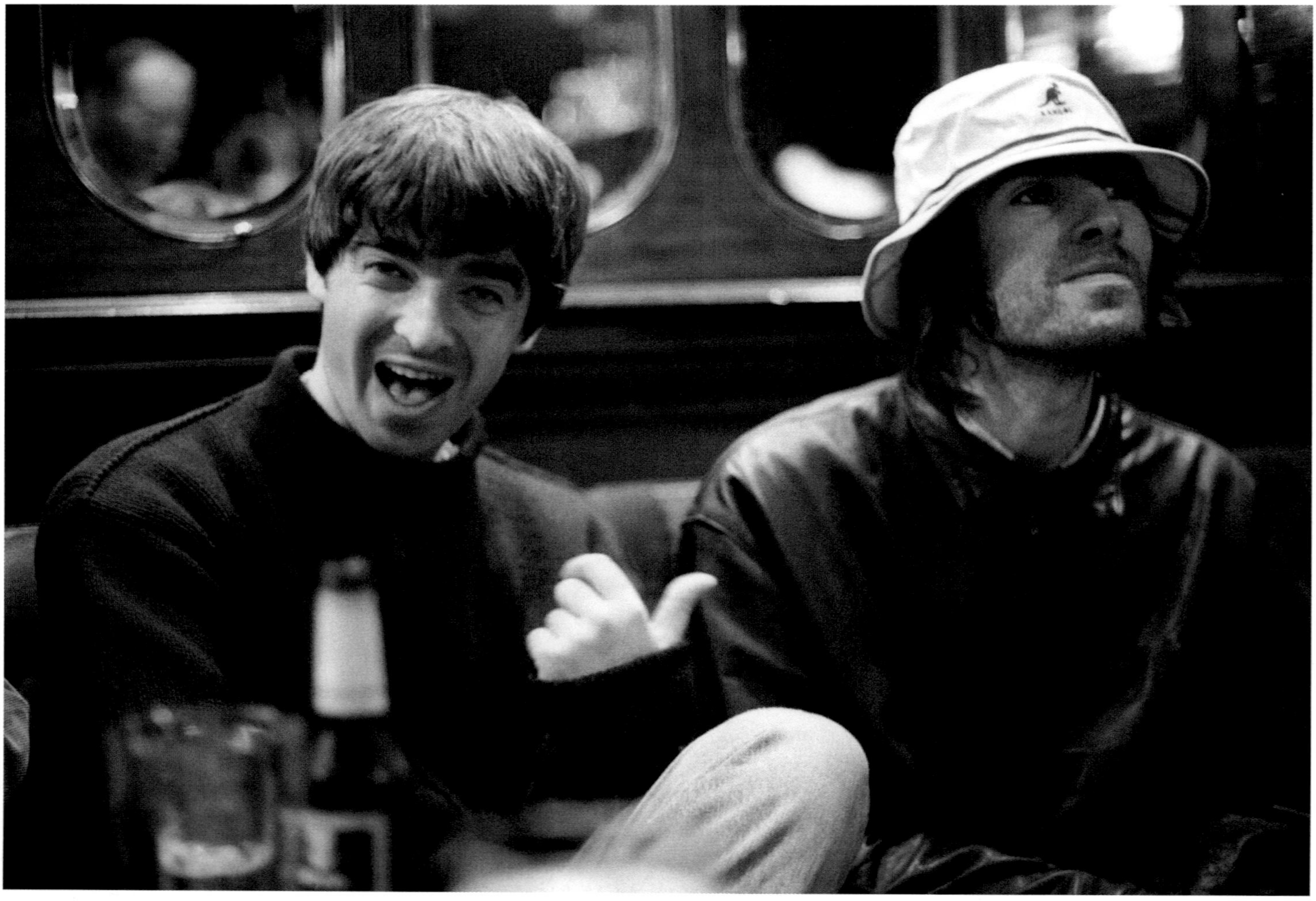

←

1996년 10월~11월
더 워링턴
영국 런던

→→

1996년 11월~12월
리지 팜 스튜디오
영국 서리

우리는 MTV 어워드를 휩쓸었고, 시상식은 런던에서 열렸다. 하지만 웃기는 일이 벌어졌다. 우리는 스튜디오 촬영을 마치고 펍에 가서 술을 마셨다. 펍에 죽치고 앉아서 시상식에는 아예 가지도 않았다. 영상을 다시 보니까, 시상식 내내 맨 앞줄 다섯 자리가 비어 있었다. 분명히 그들은 그날 밤 행사를 치밀하게 계획했을 것이다. 그런데 상을 받을 때마다 다섯 자리는 비어 있었다. 우리는 펍에 있었으니까.

#2 환희와 시련

조니 홉킨스

오아시스 이야기는 그야말로 로큰롤의 꿈과 같다. 그들이 모든 것을 이루는 데 걸린 속도는 여전히 놀랍다. 1994년 내내 그들은 비평가들에게 찬사를 받았고, 잡지 표지를 장식했으며, 열광적 팬층을 확보했다. 그뿐만 아니라 당시 가장 많이 팔린 데뷔앨범이라는 기록을 썼다. 그들은 얼마나 더 크게 성장할까? 1995년부터 1998년까지는 그들이 성공의 정점을 찍은 시기다. 필연적으로, 우여곡절도 따랐다. 환희와 시련. 1990년대 크리에이션에서 그들의 홍보 담당자로서 나는 그 모든 일을 직접 목격했다.

밴드와 함께 작업할 때면 그 뮤지션들이 타고났거나 빠르게 성장하기를 바라는 자질들의 목록이 있다. 가령 수준 높은 노래, 매력적인 라이브 공연, 강력한 이미지, 호감 가는 인터뷰, 그리고 야망 같은 것들 말이다. 처음부터 이 모든 것을 다 가진 밴드는 거의 없다. 그러나 오아시스는 그랬다. 그들에겐 록스타의 아우라에 평범한 사람들의 매력이 결합돼 있었다. 유명세에도 불구하고, 그들은 유명 인사들의 파티나 시상식에 참석하는 것만큼이나 담배 한 갑 또는 신문을 사러 가는 모습의 사진이 쉽게 찍히곤 했다.

오아시스는 맨체스터 남부에서 아일랜드계 노동자 출신 친구들의 모임으로 시작되었다. 각자의 개성과 서로 간의 역동성이 그들이 성공한 결정적 요소였다. 리암에겐 '태즈메이니아데블'이라는 별명이 있었는데, 언제나 끊임없이 소용돌이치는 에너지와 활동량 때문이었다. 그는 록 가수의 목소리, 존재감, 외모뿐 아니라 M&S나 Next를 입어도 힙하고 비싼 디자이너의 옷처럼 보이게 하는 능력을 겸비했다. 그건 지금도 마찬가지다. 그의 망상적 장광설을 관통하는 장난기와 유머 감각까지 받아들인다면, 당신은 아주 이상적인 스타를 만나는 셈이다.

노엘이 '보스'로 불린 데는 그만한 이유가 있다. 창의적 비전과 성공을 위한 계획이 있었고, 그는 그것들을 현실로 옮기기로 마음먹었다. 인스파이럴 카페츠의 로드매니저로 세계를 돌아다니며 파티를 즐기는 동안에도, 끊임없이 공부하고 곡을 쓰며 자신만의 기회가 오기를 기다렸다. 정말 그 기회가 오자, 왕성한 작곡 능력이 마침내 빛을 발했다. 그의 심오하고 재미있는 인터뷰는 언론과 팬들을 사로잡았다.

본헤드는 다양한 역할을 맡았는데, 그중에는 평화 중재자와 장난꾸러기 악동이라는 상반된 것들도 있었다. 숙련된 뮤지션인 그의 리듬기타는 오아시스의 밀도 높은 사운드에 든든한 기반이 되었고, 때때로 그는 아코디언이나 키보드를 맡기도 했다. 심지어 그에게는 '본헤드의 또라이 군단'이라는 열성팬들도 따로 있었다.

1990년대에 밴드를 둘러싼 대혼란 속에서 귀스는 냉철한 지혜를 발휘했다. 그는 심사숙고형 인간이자 음악, 축구, 정치를 비롯한 다방면에 놀라운 지식을 갖춘 독서광이었다. 탁월한 베이스 연주자이자 열렬한 레게음악 팬이었으며, 아버지의 친구인 조지 베스트에게 직접 배운 축구 실력도 뛰어났다.

첫 번째 드러머였던 토니는 생생한 펑크 에너지를 부여했다. 이는 초기 투어에서 큰 효과를 봤다. 오아시스는 앙코르 곡으로 비틀스의 〈I Am the Walrus〉를 확장판으로 커버한 곡을 연주하곤 했는데, 마지막 부분에서 다른 멤버들이 하나둘씩 무대를 빠져나가면 토니가 홀로 남아 몇 분 동안 솔로 연주를 하면서 대미를 장식했다. 그의 후임인 앨런 화이트는 밴드에 들어올 때 이미 숙련된 뮤지션이었다. 첫날, 그는 BBC의 〈Top of the Pops〉에서 〈Some Might Say〉를

성공적으로 연주함으로써 오아시스에 수월하게 합류했다. 그의 두 번째 오아시스 공연은 글래스턴베리의 헤드라이너 공연이었다.

파티광이라는 평판을 들은 것과 별개로, 오아시스가 무척 놀라운 점 중 하나는 직업의식이었다. 없어서는 안 될 동료들인 버네사 코튼, 톤즈 샌섬과 나는 오아시스가 자신들의 목표를 달성하기 위해 작곡, 녹음, 공연, 인터뷰, 라디오·텔레비전 출연 등에 열성적으로 임하는 모습을 보며 감탄을 금치 못했다. 맨체스터 시티의 엘링 홀란이나 로드리처럼, 오아시스의 활동량은 엄청났다.

오아시스의 1994년이 돌풍이었다면, 1995년부터 1998년까지는 강력한 태풍의 연속이었다. 《(What's the Story) Morning Glory?》 앨범 홍보를 준비하면서, 이 밴드가 여성들과 더 생산적으로 일한다는 사실을 알고 있던 나는 각 멤버의 다양한 개성을 잘 살려줄 여성 사진작가에게 일을 맡기고 싶었다. 이에 관해 다니엘라 소아베 기자와 의논하던 끝에, 그녀가 질 퍼마노브스키 이야기를 꺼냈다. 질은 1994년 12월 4일에 케임브리지 라이브 공연을 보러 오기로 했다. 그날 밤, 그들의 연주와 열광적인 팬들을 기록한 사진들을 찍으며 그녀는 그들을 사랑하게 되었다. 이것이 그녀와 밴드 사이에 30년 넘게 이어진 협력 관계의 시작이었음을, 당시에는 아무도 알지 못했다.

1994년 12월 30일까지 이어진 오아시스의 영국 투어는 미들즈브러 타운홀에서 마무리되었다. 몇 주 뒤, 그들은 곧바로 두 번째 북미 투어를 떠났다. 그 후 2년 동안 쉴 새 없는 일정이 뒤따랐다. 1월 말, 질과 나는 홍보용 사진을 찍기 위해 샌프란시스코로 향했다. 샌프란시스코의 가파른 언덕투성이 도로들이 제공하는 빛의 질감과 흥미로운 원근법을 창의적으로 활용해서, 질은 대단히 멋진 사진들을 찍었다. 나아가 오아시스는 더 후, 핑크 플로이드, 지미 헨드릭스, 어리사 프랭클린, 혹은 제퍼슨 에어플레인 같은 샌프란시스코 출신 밴드들이 기념비적 공연을 한 전설의 필모어에서 헤드라이너로 섰다. 질은 이제 슈퍼스타가 된 밴드를 사진에 담았다.

4월 말에는 문자 그대로 정신없는 한 주를 보냈다. 그들은 〈Top of the Pops〉 공연을 녹음했고, 사우스엔드의 클리프 파빌리온, 파리의 바타클랑, 셰필드 아레나에서 공연했으며, 토니를 앨런으로 교체했다. 단 1년 만에, 첫 싱글 〈Some Might Say〉가 첫 번째 1위 히트곡이 되고 셰필드 아레나에서 첫 스타디움 콘서트를 연 것이다. 그날 밤, 그들은 노엘이 불과 며칠 전에 작곡한 것으로 알려진 〈Don't Look Back in Anger〉를 선보였다. 얼마 뒤에는 글래스턴베리에서, 첫 헤드라이너가 된 기념비적 공연을 펼쳤다. 그 전날 밤, 나는 기자들을 대동하고 바스 파빌리온에서 열린 연습 공연을 보러 갔다. 그 공연은 내가 본 것 중 최고였다. 우리는 그 공연에 '라이드'의 앤디 벨을 데려갔는데, 그는 4년 후 오아시스의 베이시스트가 되었다.

브릿팝이라는 딱지가 붙은 밴드 가운데 하나로 오아시스를 분류하려는 언론 보도에서 벗어나려 애쓰던 과정에서, 그들은 블러와의 원치 않는 순위경쟁(또한 계급전쟁)에 휘말리고 말았다. 물론 이는 두 밴드를 더 성장하게 했지만, 그들은 어떤 식으로든 성공을 거머쥐었을 것이다. 또한 이 경쟁은 타블로이드에서 연일 화제가 되면서 신문이 엄청나게 팔렸다. 이 사건은 BBC의 〈News at Ten〉에도 소개되었다. 당연하게도 언론은 밴드의 성공에 핵심 요소였다. 1995년부터 1998년까지, 오아시스는 거의 모든 신문과 잡지 표지를 여러 차례 장식했다. 1993년부터 1994년까지는 그들을 신문에 싣기 위해 협상을 벌였지만, 1995년부터는 그들을 싣지 않는 쪽으로 빈번히

협상해야 했다. 영국뿐 아니라 전 세계에서 인터뷰 요청이 쇄도했다. 만약 모두 수락했다면, 먹고 자는 것은 고사하고 새 음반을 제작하거나 공연을 다닐 시간조차 없었을 것이다.

《What's the Story》 앨범 홍보가 한창이던 와중에 오아시스는 《War Child's Help》 앨범에 수록할 곡들을 준비할 시간을 가졌다. 유고슬라비아 해체에 뒤따른 보스니아전쟁에 휘말린 아이들을 돕기 위한 앨범이었다. 〈Fade Away〉를 다시 녹음했고, 노엘은 자신의 두 영웅 폴 매카트니, 폴 웰러와 함께 비틀스의 〈Come Together〉를 편곡했다. 쉴 틈 없는 일정과 투어, 가파른 성공과 그에 따른 압박감은 견디기 힘들 정도였다. 따라서 9월에 귁스가 신경쇠약으로 밴드를 잠시 떠난 일은 놀랍다기보단 차라리 슬펐다. 그가 없는 밴드는 전과 같지 않았다.

이쯤 되자, 하루하루가 폭풍과도 같았다. 10월 1일 일요일, 언론에서 《What's the Story》를 극찬하는 비평을 읽은 뒤 우리는 (당시 노엘의 여자 친구였던) 메그 매튜스가 주최한 앨범 발매 기념 파티에서 아침을 함께 들며 자축했다. 파티 장소는 켄싱턴의 웅장한 빅토리아풍 저택이었는데, 거대한 오아시스 얼음조각상이 있었고 앨범 수록곡들이 현악 4중주로 연주되었다. 노엘과 리암의 훌륭한 어머니 페기에게는 자랑스러운 순간이었다. 그러고는 런던을 사방팔방 돌아다녔다. 우선 캠던의 파크웨이 펍으로 가서 에릭 칸토나의 복귀전인 '리버풀 대 맨체스터 유나이티드' 경기를 봤다. 그다음에는 헤븐리 소셜로 가 무대에서 케미컬 브라더스, (데스 인 베이거스의) 리처드 피어리스와 어울렸다. 이어서 옥스퍼드 가의 버진 메가스토어에서 어수선하면서도 재미있는 자정 공연으로 마무리했다.

이튿날 영국 투어를 시작했다. 축구에 비유하자면, 스토크시티와 다른 모든 도시에서 펼쳐지는 우중전에서도 능력을 발휘할 수 있음을 입증했다. 《NME》의 앤디 리처드슨은 스토크시티 공연을 평론하면서, 여름에 몇 가지 어려움을 겪었지만 오아시스가 영국 최고의 밴드라고 했다. 일주일 만에 그들은 가장 인기 있는 밴드가 되기도 했다. 그 앨범은 첫 주에 영국에서만 34만 5000장이라는 기록적 판매량을 자랑하며 단숨에 1위로 뛰어 올랐다. 게다가 차트에서 10주 연속 정상을 지켰고, 결국 전 세계에서 2500만 장 넘게 팔렸다. 투어는 전 세계를 돌며 이루어졌고, 질의 사진은 그 중요한 순간들을 포착했다. 1995년 11월 파리에서 질이 찍은 오아시스 사진들에는 그 시기 장난기와 긴장감이 담겨 있다. 단체 사진에서 갤러거 형제는 서로 반대 방향을 보고 있다. 그들의 얼굴은 록스타의 음과 양처럼 서로 맞닿아 있다. 서로 다른 힘이지만 서로 의지하며, 근본적으로는 어떤 전체의 일부인 것처럼.

10월 30일에 발표한 〈Wonderwall〉은 노엘의 작곡 실력이 얼마나 대단한지 보여주는 곡이다. 이 곡은 다양한 장르에서 헤아릴 수 없이 리메이크되었다. 브링 미 더 호라이즌, 원 디렉션, 캣 파워, 리앤 라임스, 라이언 애덤스를 비롯하여 수천 명의 버스커가 리메이크했고, 힙합에서도 수많은 샘플링에 사용되었다. 심지어 마이크 플라워스 팝스의 저속한 버전이 차트 2위를 차지하기도 했다. 1996년 2월, 오아시스는 〈Don't Look Back in Anger〉로 또 한 번 차트 1위에 올랐다.

《What's the Story》의 경이로운 성공은 정규 월드 투어와 더불어 일련의 대규모 공연으로 이어졌다. 첫 싱글을 발표한 지 불과 1년 반 만에, 당시 영국에서 가장 큰 실내 공연장이던 얼스 코트에서 두 차례 매진된 공연의 헤드라이너로 나섬으로써, 거의 지진을 일으켰다. 영국지질조사국이 이 일을 정말 '지진 활동'으로 인증하기도 했다. 얼스 코트에서는 귁스가 화려하게 복귀했다. 그의 대체자 스콧 맥로드는 미국 투어 도중 한 달 만에 그만둬야 했다. 4월에

는 그들이 사랑하는 맨체스터 시티 홈구장 메인 로드에서 두 차례 매진된 공연을 이어갔다. 이 모든 일은 넵워스에서 열린 기록적 공연으로 정점을 찍었다. 25만 장의 표를 예매하기 위해 250만 명이 몰린 것이다. 질의 파노라마 사진에서 그 규모를 여실히 알 수 있다. 일설에 따르면, 크리에이션 레코드의 VIP 명단에 7000명의 이름이 있었다고 한다.

'쿨 브리타니아'라는 표현은 1996년 미국 언론에 의해 처음으로 알려졌다. 이 시기는 창작산업의 황금기였으며, 토니 블레어의 신노동당이 부상했고 '유로 96' 축구대회가 열렸다. 이 표현의 소유권을 두고 보수당과 신노동당 사이에서 벌어진 설전은 의회에서 논쟁으로까지 이어졌다. '쿨 브리타니아'는 표를 얻으려는 정치인들과 잡지를 팔려는 언론사들이 이용한 문화적 순간이자 상업적 유행어이면서 환상이었다. 오아시스와 그들의 노래는 진심으로 희망을 품게 해 줬다. 그러나 '쿨 브리타니아'는 정치를 이미지와 유명세라는 영역으로만 떨어뜨리는 문제적 개념이었다. 오아시스의 캠프 안에서 우리는 이를 회의적으로 생각했다. 1996년 브릿어워드 수상 소감에서 노엘은, 토니 블레어와 자신의 밴드 멤버들 그리고 앨런 맥기를 희망의 원천이라며 칭찬했다. 1997년 5월 총선에서 신노동당이 압승을 거두었다. 이는 노엘을 비롯한 창작자들의 지원에 힘입은 덕이었다. 7월 30일에 블레어가 다우닝가 10번지(영국 총리 관저) 파티에 초청할 정도로 노엘의 위상과 홍보 효과는 대단했다. 이는 구설수 많은 록스타에게는 전례 없는 영예였다. 이때 노엘이 마거릿 대처의 사진에 히틀러 콧수염을 그려 넣었다는 소문이 돌기도 했다.

메인 로드 공연과 넵워스 공연 사이에, 노엘은 무스티크에 있는 믹 재거의 집에서 휴가를 보내면서 《Be Here Now》의 데모 트랙을 준비했다. 이 앨범은 나중에 오언 모리스와 함께 애비 로드, 리지 팜, 마스터 록에서 제작되었다. 노엘의 북런던 저택 슈퍼노바 하이츠의 웅장한 팝아트 스타일 응접실에서, 오아시스 팀 동료들과 함께 테이블에 둘러앉아 처음으로 앨범에 수록된 모든 노래를 들었다. 〈Stand By Me〉, 〈My Big Mouth〉, 〈D'You Know What I Mean?〉 등 매력 넘치는 곡들이었다. 특히 〈D'You Know What I Mean?〉은 또 하나의 1위 히트곡으로 《Be Here Now》 홍보의 시발점이 되었다. 평단의 엄청난 찬사와 함께 앨범은 8월 21에 발매되었는데, 단 사흘 만에 전작의 두 배에 가까운 66만 장이 팔렸고, 영국에서 가장 빨리 팔린 앨범으로 기록되었다.

일주일쯤 지났을 때, 다이애나 왕세자빈이 사진기자들에게 쫓기던 중 교통사고를 당해 예기치 않게 죽음을 맞았고, 이에 따라 타블로이드의 사생활 침해에 대한 의문이 제기되었다. 다이애나의 죽음으로, 나라 분위기는 하룻밤 새 상당히 바뀌었다. 일시에 무기력해진 것 같았다. 사람들은 엘튼 존의 〈Candle in the Wind〉처럼 사색적이고 잔잔한 음악에서 위안을 찾으며 내면으로 관심을 돌렸다. 결과적으로 후속곡들이 성공을 거두긴 했지만, 《Be Here Now》의 반응은 시들해졌다(〈Stand by Me〉는 2위, 〈All Around the World〉는 1위에 올랐다).

1997년 캘리포니아에서 시작된 《Be Here Now》 스타디움 투어는 스파이널 탭 느낌의 앨범 재킷에 따라 무대를 디자인했다. 다행히 전화부스에 갇힌 사람은 없었다. 이 월드 투어는 1998년 멕시코시티에서 펼친 두 차례의 환상적인 아레나 공연으로 대미를 장식했다.

3년이 조금 넘는 동안 잡지와 신문 표지에 오르고, TV와 라디오에 출연하고, 230회 이상 공연하고, 영국 싱글차트 1위 네 곡과 2위세 곡, 그리고 앨범차트에 1위 앨범 두 장을 올리고, 브릿어워드를 비롯한 다양한 시상식에서 수많은 상을 받은 끝에, 분명히 오아시스는 다람쥐 쳇바퀴 같은 로큰롤의 일상에서 벗어날 시간을 벌었다. 다시 돌아왔을 때 그들은 무엇을 할 것인가?

← → / → →

1997년 2월
에어 스튜디오
영국 런던

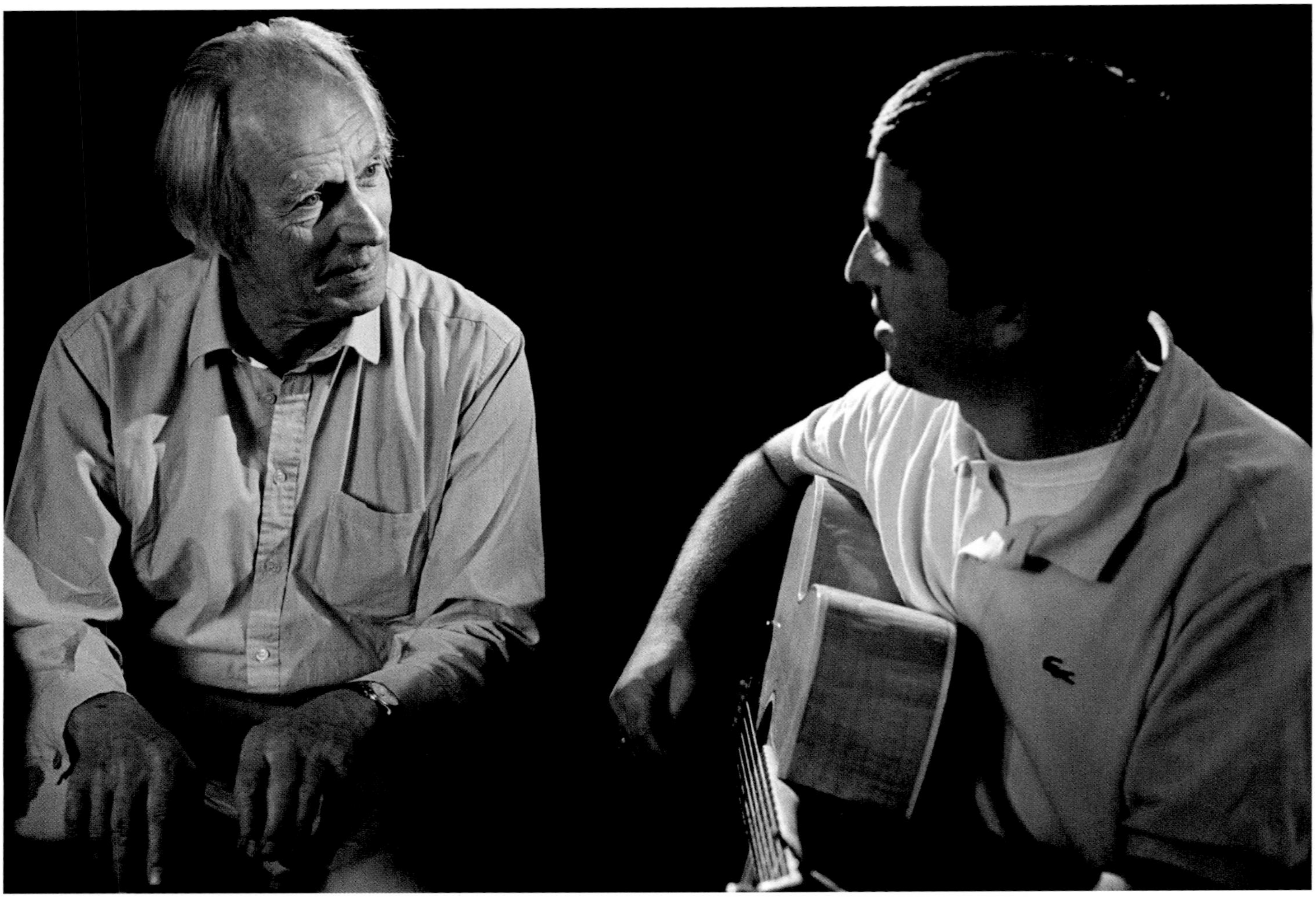

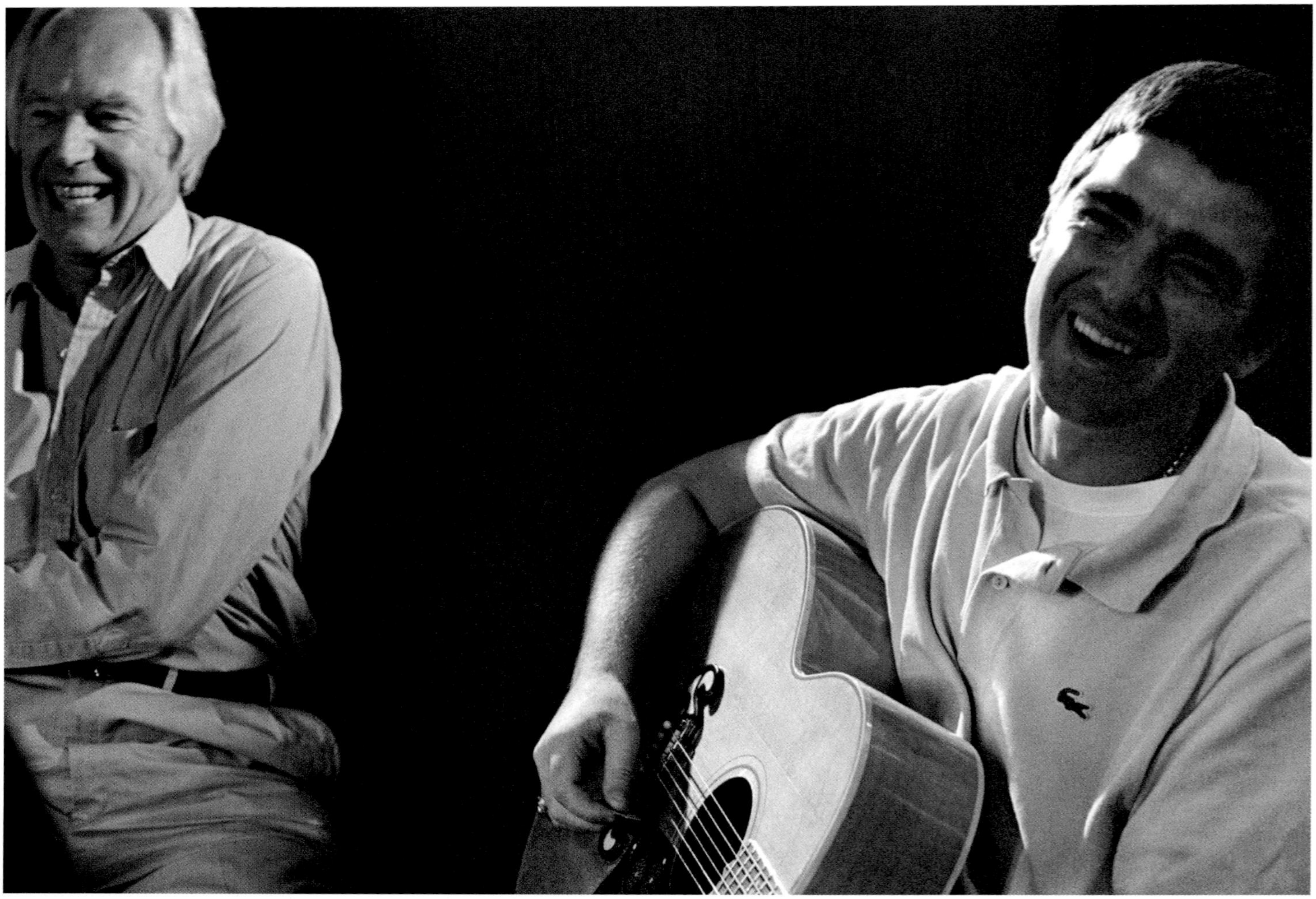

조지 마틴은 우리 같은 밴드들에 관한 시리즈나 다큐멘터리를 만드는 중이었고, 우리는 거기에 출연해야 했다. 그는 내게 〈Wonderwall〉을 어떻게 작곡했는지 보여 달라고 했다. 솔직히 말해, 유명 인사들을 만나본 모든 경험 중에서 그때가 가장 소름 끼쳤다. 그가 내게 "기타를 가져와서 어떻게 작곡했는지 보여줄 수 있나요?"라고 했기 때문이다. 나는 그저 "어…" 라고 했고, 그는 내가 아주 젠장맞을 기회주의자라는 사실을 알고 있다는 걸 굳이 티 내지 않았다.

←←

1997년 2월
에어 스튜디오
영국 런던

녹음 중 휴식 시간에 팻시 켄싯, 리암,
메그 매튜스, 노엘

←

1997년 2월
에어 스튜디오
영국 런던

그 만남 이후, 조지 마틴은 "나는 노엘
갤러거가 그 세대에서 가장 뛰어난
작곡가라고 생각합니다"라는 말을
남겼다.

↓

1997년 3월 19일
복싱링
영국 위건

1997년 5월 1일
홀로그램 스튜디오
영국 런던 킹스턴

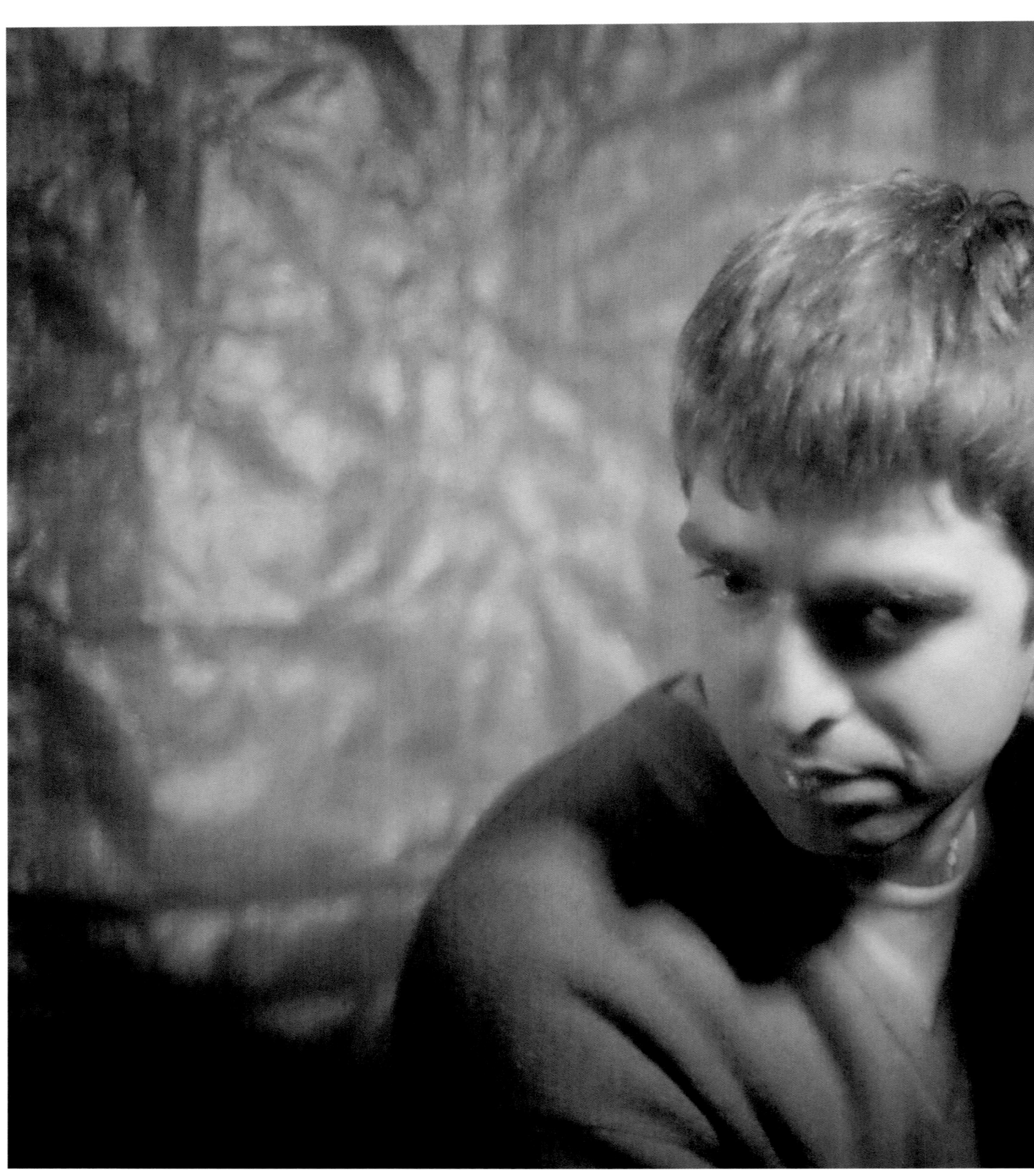

이 사진은 이제 유명 작가인 크리스 레빈과 그의 팀에서 기술적 도움을 받아 제작한 진짜 홀로그램 사진이다. 일반적 촬영 같지만, 렌즈 여러 개로 3D 이미지를 포착하는 장치가 사용되었다. 이 사진을 비롯한 일련의 홀로그램 사진들은 내 첫 오아시스 사진전 〈Was There Then〉에 전시되었다(사진전 제목은 노엘이 《Be Here Now》를 보완하기 위해 즉흥으로 지었다). 이 전시회는 1997년 9월 런던 라운드하우스에서 시작되었고, 맨체스터 하시엔다와 글래스고 트램웨이를 거쳐, '더블린의 갤러리 오브 포토그래피'에서 마무리되었다. 노엘은 리암의 홀로그램 하나를 보더니, "때려주고 싶을 정도로 실물 같다!"라고 했다.

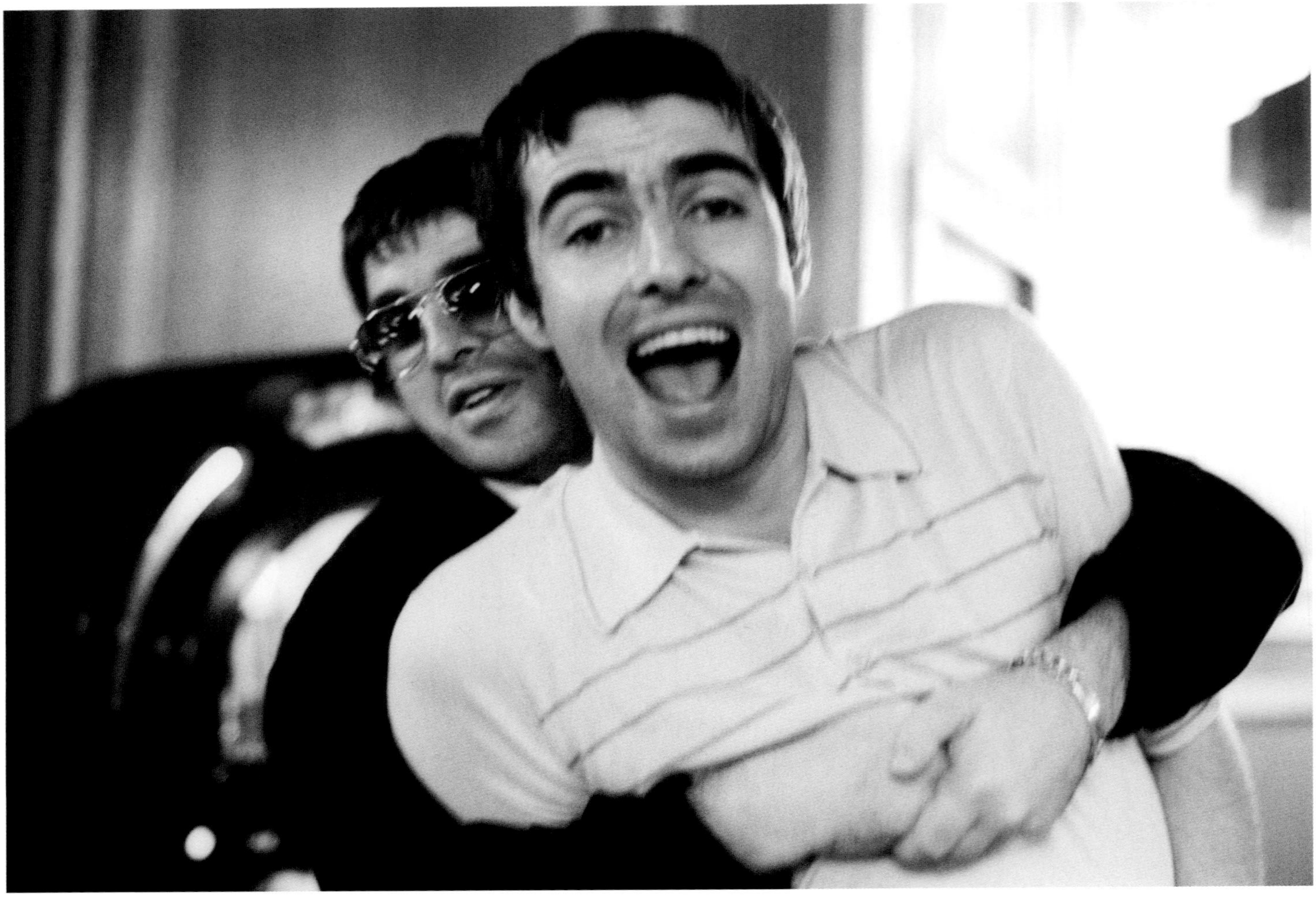

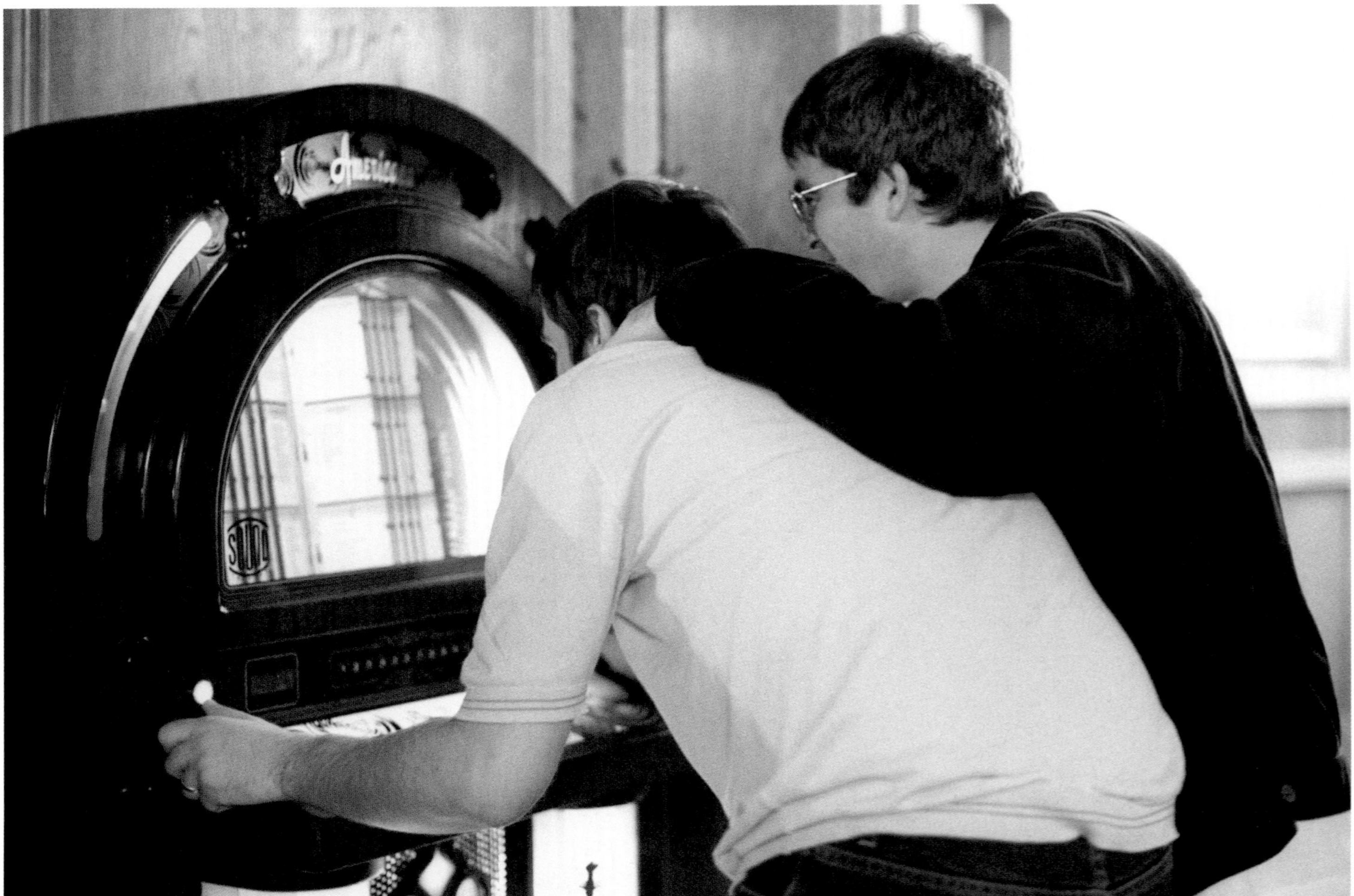

←→ / →→
1997년 5월 2일
킹스 크로스
영국 런던

〈Be Here Now〉의 뮤직비디오 촬영 둘째
날, 우리는 킹스 크로스에 있는 수영장 겸
당구장을 대여했다. 그곳에는 바와 다트판도
갖춰져 있었다. 노엘과 리암, 그리고 '화이티'
는 각자 칠판에 자신에 관한 글을 적었다.
그날은 총선 바로 다음 날, 즉 토니 블레어가
총리가 된 다음 날이었다. 사람들이 정권
교체를 자축하면서 전국에 들뜬 기분이
퍼져 있었다. 오아시스도 분명 축하하는
분위기였다. 촬영 도중 필름이 다 떨어져서
추가로 주문했다. 제시간에 딱 맞춰 도착한
오토바이 배달원은 바 쪽에 앉아 있는
오아시스를 발견하고는 놀란 나머지 오히려
멍해진 듯했다. 그는 완전히 충격을 받았고,
오아시스는 아주 재미있어했다.

↑ →

1997년 5월 2일
킹스 크로스
영국 런던

그 이틀간 촬영한 마지막 사진들이다. 그들은
엉망진창인 상태였다. 수영장과 당구장의 바에서 긴
시간을 보내며 술에 떡이 되었으니까. 하지만 정말
재미있기는 했다….

JF   29 -05 -97 -4

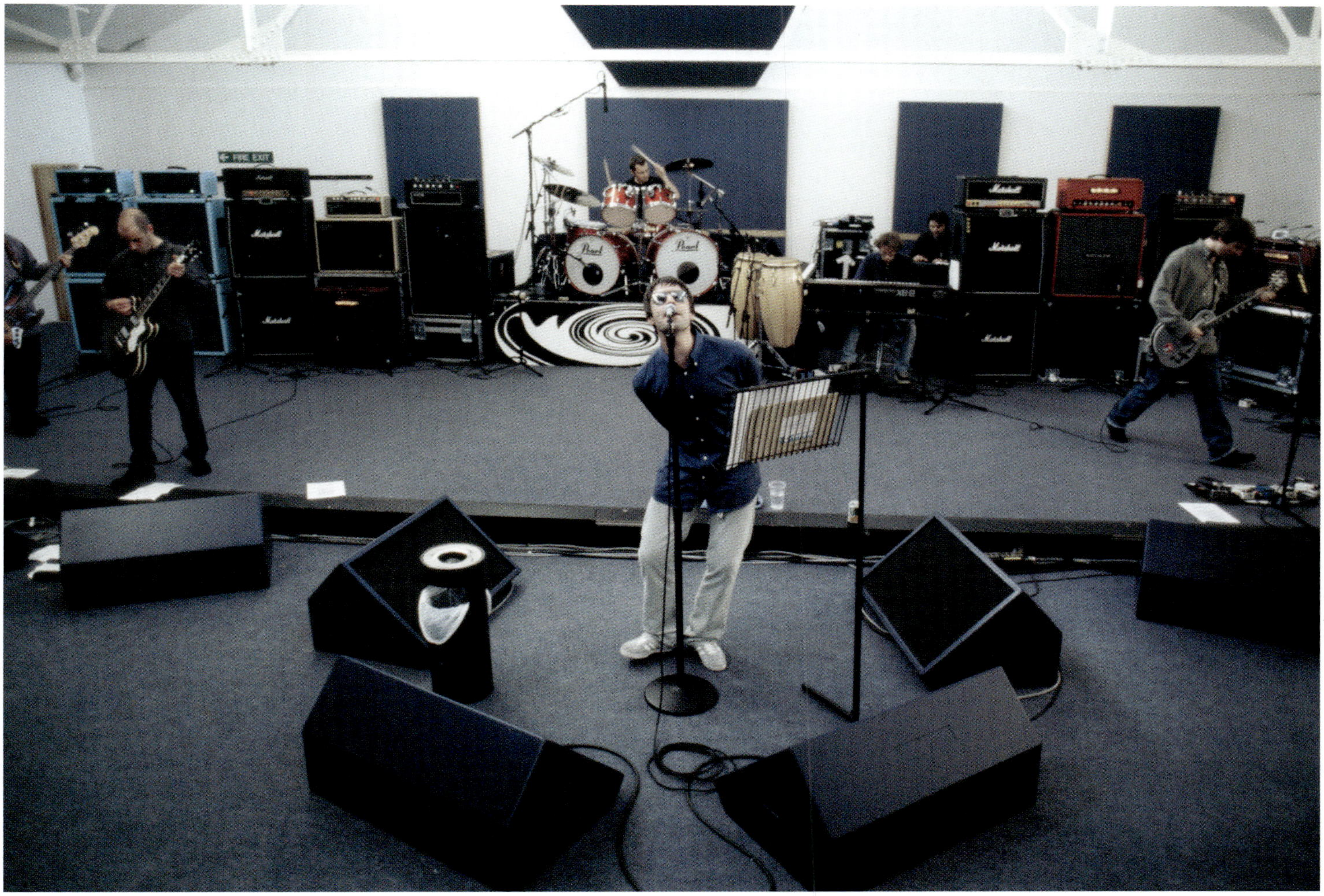

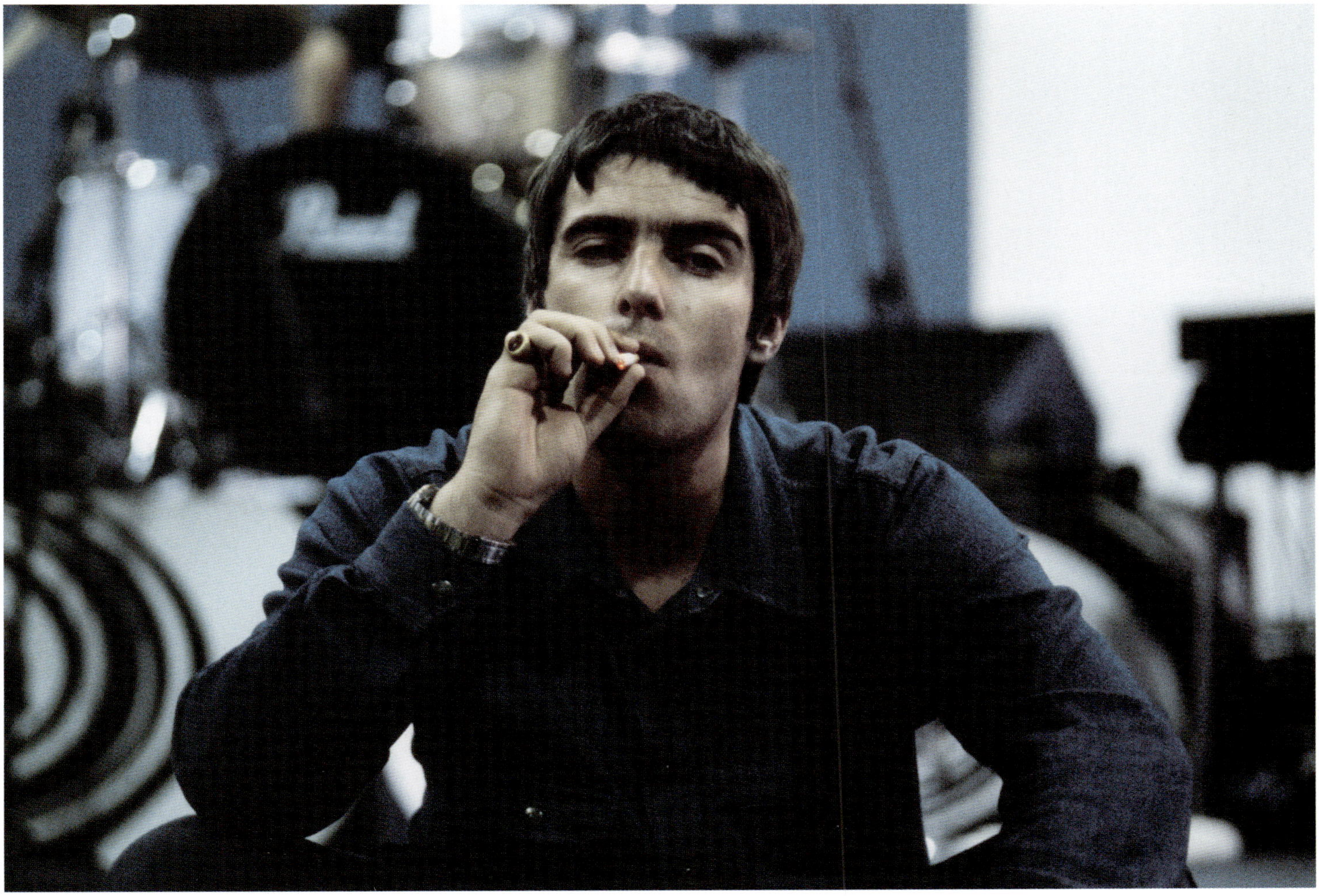

←→

1997년 6월 18일
오클랜드, 샌프란시스코
미국 캘리포니아

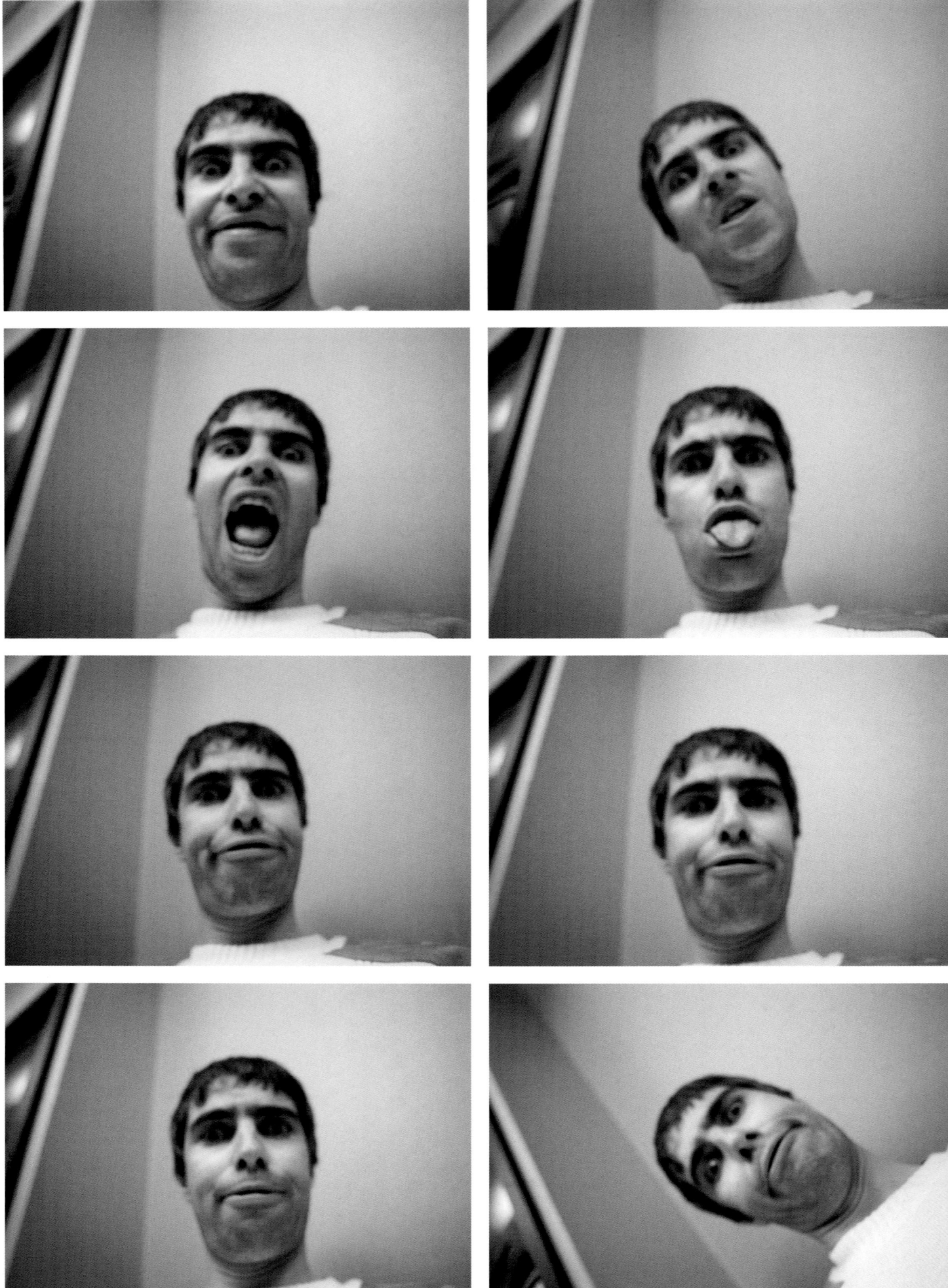

←

1997년 6월 18일
오클랜드, 샌프란시스코
미국 캘리포니아

U2의 팝마트 투어 오프닝을 맡은
오아시스가 분장실에서 휴식을
취하며 빈둥거리는 모습을 많이
촬영했다. 그 후 필름을 현상할
때, 절대로 내가 찍은 적이
없는 리암의 사진들을 발견했다.
아마 그는 언젠가 내 카메라를
가져가서 셀피를 몇 장 찍었을
것이다. 그는 프레임 중앙에 자기
머리를 위치하며 아주 제대로
찍었다. 그리고 자기 두뇌가 어떻게
작동하는지 모든 사진에서 아주
뚜렷하고 직접적으로 보여줬다.
정말 멋지다.

→→

1997년 6월 18일
오클랜드, 샌프란시스코
미국 캘리포니아

리암은 노엘이 〈Don't Look Back in
Anger〉를 부르는 동안 무대 뒤쪽에
앉아 있었다. 그 뒤에서 어렴풋이
나타난 사람이 누군지 몰랐지만, 얼른
유심히 살펴보고는 U2의 보노라는
것을 알아차렸다.

리암은 점점 미치광이가
되어 갔다. 걘 완전히
제정신이 아니었다. 걘
이렇듯 엉뚱하고 기괴한
사람으로 살아간다. 나는
이 괴짜를 사랑한다. 걔가
내 동생이라서 그런 건
아니다. 걘 나를 웃게
해준다. 리암은 정말
초현실적이다.

에어 스튜디오 / 얼스 코트
영국 런던

1997년 2월, 에어 스튜디오에서 노엘과 리암의 이 사진들을 찍었다. 팬들은 이 사진들이 내 첫 번째 오아시스 사진집 《Was There Then》의 표지였음을 기억할 것이다. 그 표지는 그래픽디자인의 거장 네빌 브로디가 담당했고, 같은 사진들이 1997년 9월에 열린 얼스 코트 공연 광고판에도 사용되었다(다음 페이지).

1997년 11월 25일
스히폴 공항
네덜란드 암스테르담

→→→

1997년 11월 25일
페스트할레
독일 프랑크푸르트

이 시절에 우리는 항상
취해 있었다. 아주 멋졌다.
그리고 오아시스의 창시자
본헤드가 수하물 컨베이어
벨트에 올라탔다.

←↓ / →→ / →→→

1997년 12월 7일~8일
SEC센터
스코틀랜드 글래스고

관객 대부분이 10대 소년이었는데, 공연 시작 전 불법적으로 맥주를 한두 잔 즐기고 있었다. 공연이 시작되고 모든 일이 순조로웠지만, 공연 도중에 맥주병 하나가 무대로 날아들었다. 본헤드가 즉시 기타를 내려놓고 리암에게 다가갔다. 리암은 이런 일을 용납하지 않을 것이라고 큰 소리로 외쳤다. 밴드는 즉시 무대를 떠났다. 관객들은 분노에 휩싸였다. 쓰레기통과 병이 날아다니면서 창문도 깨졌다. 우리는 분장실에 바리케이드를 치고, 우리가 떠나는 걸 거부하며 광분한 10대들의 난동 소리를 들었다. 그들은 밴드가 마음을 풀고 다시 무대에 오르기를 바랐다. 하지만 그런 일은 일어나지 않았다.

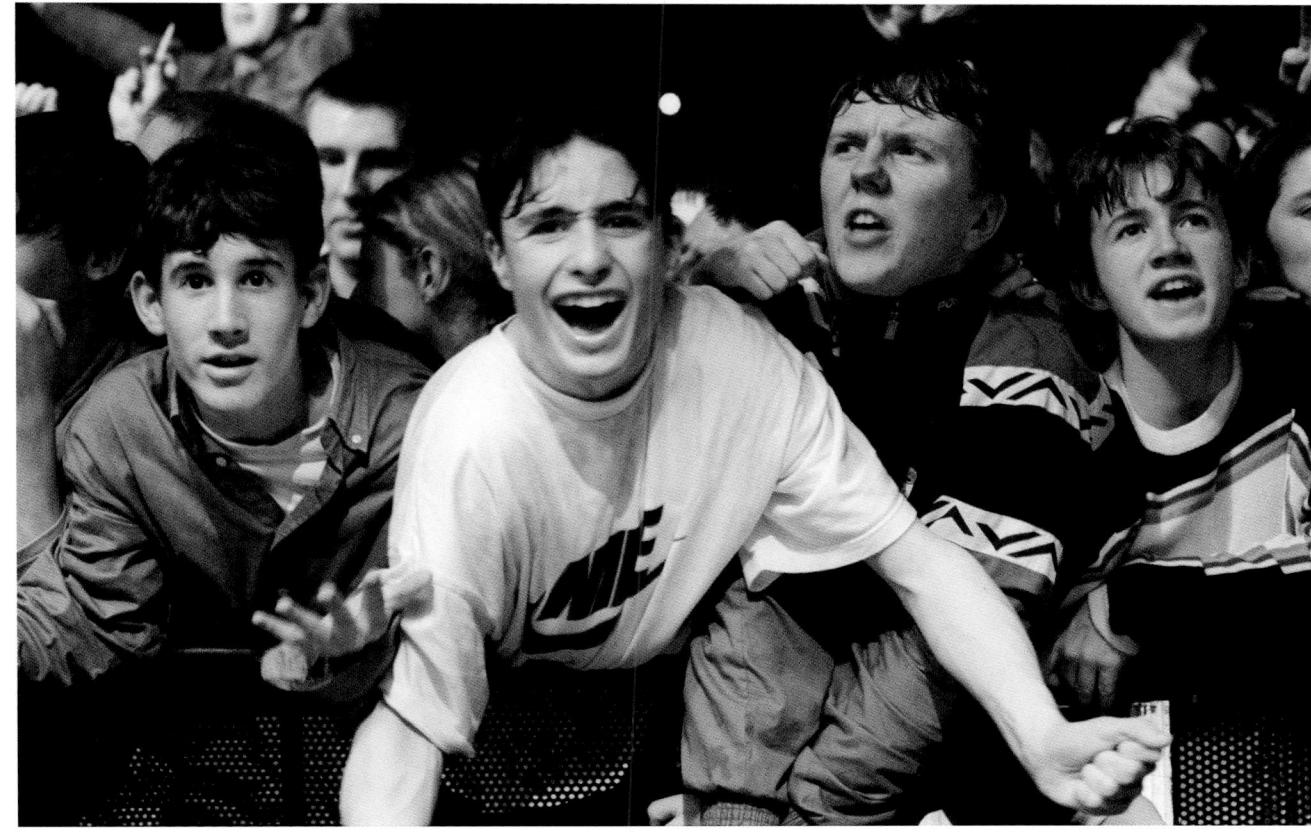

STANDING ON THE

1999년	샤토 드 라 콜 누아르 / 프랑스 칸 인근
	더 웍스 / 영국 런던
2000년	브레이 스튜디오 리허설 / 영국 윈저
	웸블리 스타디움 / 영국 런던
	#3 화합과 혼란 / 로라 바턴
2001년	셰퍼즈 부시 엠파이어 / 영국 런던
	뮤직그라운드 / 영국 리즈
	맨체스터 아폴로 / 영국 맨체스터
	올림픽 스튜디오 / 영국 런던
2002년	핀스베리 파크 / 영국 런던

RELEASED	2000년 2월 28일
RECORDED	1999년 4월~8월
STUDIOS	올림픽 스튜디오(런던)
	슈퍼노바 하이츠(런던)
	휠러 엔드(버킹엄셔)
	샤토 드 라 콜 누아르(칸 인근)
LENGTH	47분 53초
LABEL	빅브라더 레코딩스
PRODUCERS	마크 '스파이크' 스텐트
	노엘 갤러거
ARTWORK	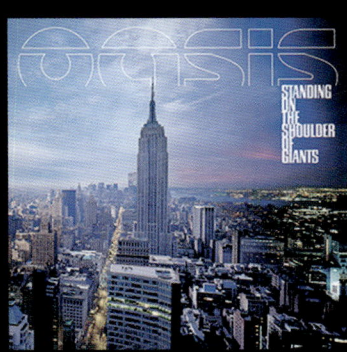

SHOULDER
OF GIANTS

우리는 프랑스 남부에
있는 크리스티앙 디오르의
성에서 《Standing on the
Shoulder of Giants》를
녹음했다. 아주 대단한
곳이었다. 여름에 거기서
넉 달 정도 지냈는데, 정말
끔찍했다. 젠장, 《(What's
the Story) Morning
Glory?》로 벌어들인 돈
전부를 그 녹음에서 싹 다
날려버렸다.

→
1999년 5월 20일~22일
샤토 드 라 콜 누아르
프랑스 칸 인근

오아시스는 칸 인근에 있는 크리스티앙 디오르의 별장 라 콜 누아르에서 마크 '스파이크' 스텐트와 함께 《Standing on the Shoulder of Giants》를 녹음했다. 촬영을 위해 공항에 도착했을 때, 방금 본헤드가 밴드를 탈퇴했다는 소식을 접했다. 충격적이었지만, 나는 조수까지 데리고 갔던 터라 처음 그들과 함께했던 대로 기록을 남기는 일을 계속하기로 했다. 노엘과 리암에게 집중했고, 둘을 함께 찍기도 했다. 몇 주 뒤 귁스도 밴드를 영원히 떠나버림으로써 밴드의 DNA가 완전히 바뀌었다. 하지만 그 며칠 동안은 모두 멋져 보였다. 모두 햇볕을 쬐고, 아주 잘 먹었다. 그런 위기가 발생했는데도 그들은 아주 느긋해 보였고, 나는 환상적인 사진을 몇 장 찍었다. 덧붙이자면, 나중에 《디오르》 잡지에 실린 바에 따르면 분명 노엘과 메그의 딸인 아나이스가 그곳에서 잉태되었다.

→

1999년 5월 20일~22일
샤토 드 라 콜 누아르
프랑스 칸 인근

나는 1980년대 초 데이비드
호크니의 사진 '조이너스(joiners)'에
지대한 영향을 받았다. 내가 보기에
그 사진들은 우리가 실제로 세상을
보는 방식을 드러낸다. 즉 얼어붙어
있는 순간들이 아닌, 일련의 광각과
세밀한 시선으로 세상을 보는
순간들을 우리의 뇌가 조합하는
것이다. 이 조이너스 사진들에는
노엘, 앨런 화이트, 궉스, 리암이
크리스티앙 디오르 저택의 거대한
식당에서 녹음하던 모습들이 담겨
있다.

1999년 5월 20일~22일
샤토 드 라 콜 누아르
프랑스 칸 인근

1999년 11월 16일
더 웍스
영국 런던

프랑스에서 일정을 보내고 몇 달 뒤 올림픽 스튜디오 와 휠러 엔드에서 녹음 작업이 끝났을 때, 노엘이 전화 해서 오아시스에 본헤드와 귁스를 대신할 새로운 멤버 두 명이 들어왔다고 알려줬다. 앤디 벨과 콜린 '젬' 아 처였다(216쪽 오른쪽). 공연 날짜가 다가오면서 새로운 사진들이 급하게 필요했고, 우리는 새로운 라인업을 세상에 선보일 사진을 흰색 배경 앞에서 간단히 찍기 로 했다.

2000년 2월 21일
브레이 스튜디오 리허설
영국 윈저

2000년 7월 21일
웸블리 스타디움
영국 런던

#3 화합과 혼란

로라 바턴

1998년에 접어들자, 2008년에 노엘이 《가디언》과의 인터뷰에서 말한 대로, "1994년에 시작된 행복한 밤"은 끝났다. 어느 날 집을 둘러보다가 방마다 고주망태로 취한 사람들이 가득 찬 것을 본 뒤 노엘은 결심했다. "제대로 된 삶이 필요해요." 그는 벨사이즈 파크의 저택 슈퍼노바 하이츠를 팔고 시골로 이사했다. 더 조용하고 술에 취하지 않는 생활을 꿈꾸면서. 파티는 계속되었다.

창작이라는 부분에서 노엘은 막다른 길에 몰렸다. 《Be Here Now》는 비평가들에게 찬사를 받았지만, 기대한 만큼 상업적으로 크게 성공하지는 못했다. 초기의 열광적 반응 이후 비평가들 또한 그 앨범이 과찬을 받은 게 아닐까 하고 의심했다. 앨범을 가장 헐뜯은 이는 다름 아닌 노엘 자신이었다. 그는 앨범이 빛을 잃은 건 지나친 압박감과 부족한 노력 때문이라고 했다. 길거리에서 노엘은 문득 이렇게 생각했다. "이건 정말 말도 안 되잖아."

무감각해진다는 것, 그것은 작곡가들에게 드문 일이 아니다. 《Definitely Maybe》와 《(What's the Story) Morning Glory?》를 만든 열정은 성공에 익숙해지고 다른 중요한 일들이 겹치면서 서서히 사그라들었다. 그 후 몇 년 동안 멤버들은 아버지가 되거나, 결혼하거나, 이혼하는 등 다양한 일을 겪었다. 밴드의 네 번째 앨범을 구상하면서 노엘은 난제에 직면했다. 편안함과 창의성의 불편한 관계, 그리고 많은 것을 증명해야 한다는 느낌 등.

1999년 봄 오아시스는 몽토투의 평원이 훤히 보이는 샤토 드 라 콜 누아르를 빌렸다. 전 소유주였던 크리스티앙 디오르가 내부 인테리어를 디자인한 그 성은 사이프러스, 아몬드, 장미 향으로 가득했다. 1998년 여름과 가을, 밴드는 노엘이 만든 곡들을 가져가서 오랜 협력자인 마크 코일, 폴 스테이시와 함께 버킹엄셔의 휠러 엔드 스튜디오에서 데모 녹음을 했다. 그들이 프랑스에서 함께한 사람은 U2, 마돈나, 스파이스 걸스와의 작업으로 유명한 프로듀서 마크 '스파이크' 스텐트였다. 스텐트가 이전에 오아시스의 앨범 두 장을 담당한 오언 모리스의 대체자로 낙점받았다. 새로운 활력을 찾으려는 희망에서 비롯된 조치였다.

약물을 끊으려는 수개월의 노력 끝에 노엘은 "예측할 수 있는 미래를 위해 단호하게 거부한다"라는 방침을 세웠다. 음주로 무모한 혼란을 일으키는 경향이 있던 리암도 금주 상태로 새 앨범을 녹음하는 데 동의하며 형과 함께했다. 하지만 본헤드는 흔들림 없이 술을 진탕 마셔댔다. 긴장 상태가 이어졌고, 말다툼이 일어났다. 노엘과 유난히 격렬한 다툼을 한 차례 벌인 후, 그는 영국으로 돌아갔다.

그해 8월, 본헤드는 공식적으로 오아시스를 떠난다고 선언하면서, 가족과 더 많은 시간을 보내고 싶다고 했다. 몇 주 뒤 베이시스트 귁스가 팩스로 탈퇴 의사를 밝혔는데, 그가 내세운 이유도 거의 비슷했다. "직접 만나서 얘기하는 게 나았을 텐데." 노엘이 런던 워터랫츠의 무대 뒤에서 가진 기자회견에서 말했다. "그는 15년 된 친구다. 그렇다. 우리는 충격받았다."

새 앨범을 발매하고 월드 투어를 시작하려는 시점에서 일어난 멤버들의 탈퇴라는 상황은 다분히 위험했다. "우리는 똥 샌드위치를 떠맡게 되었다"라고 노엘은 언론에 말했다. 새 멤버들을 찾는다고 발표할 때 리암은 멋진 헤어스타일에 좋은 신발을 신은 사람이어야 하며 맨체스터 유나이티드의 팬이어서는 절대로 안 된다고 딱 잘라 말했다.

더 혼란스러운 건 프랑스에서 녹음을 마치고 돌아온 노엘이 그곳에서 작업한 결과물에 스스로 실망했다는 사실이었다. 녹음테이프를 다시 들어본 뒤 노엘은 "너무 고급스럽다"라고 결론을 내렸다.

자신이 거의 모든 악기를 직접 녹음한 데모테이프들을 다시 확인하면서, 노엘은 문제 해결에 착수했다. 리듬기타와 베이스기타 부분을 개선했으며, 낡은 기타, 작은 앰프, 특이한 페달을 사용했다. 또 최근에 진행된 케미컬 브라더스와 골디의 협업에서 영감을 얻으려 했다.

그 결과는 변화의 과도기 속 밴드의 사운드로 나타났다. 첫 싱글인 〈Fuckin' in the Bushes〉는 가사가 없지만 1970년 아일 오브 와이트 페스티벌에 관한 다큐멘터리 〈Message to Love〉의 일부를 담고 있었고, 〈Gas Panic!〉에서 노엘은 코카인 금단현상을 묘사하려 했다. 또한 전자음악이 두드러진 〈Who Feels Love?〉, 왕실을 조롱한 〈Go Let It Out〉, 리암이 가사를 쓴 〈Little James〉도 있었다. 앨범 제목은 아이작 뉴턴 경의 문구를 (잘못) 인용한 것이었다. 노엘은 2파운드 동전에서 그 문구를 읽고는 술 취한 상태로 담뱃갑에 휘갈겨 썼었다. 그는 그 문구가 음악계에서 오아시스의 위치, 즉 여전히 거장들의 발치에 머물러 있는 어린 소년들을 아주 잘 묘사한다고 느꼈다. 노엘은 이렇게 말했다. "나는 우리가 1990년대의 위대한 밴드라고 생각한다. 2000년대에도 그럴 수 있는지 지켜보자."

《Standing on the Shoulder of Giants》는 오아시스가 크리에이션이 아닌 음반사에서 낸 첫 앨범이었다. 크리에이션의 창립자 앨런 맥기는 회사를 접을 것이라고 발표했고, 이에 오아시스는 소니의 후원하에 자체 음반사인 빅브라더 레코딩스를 만들었다. 특유의 허세를 한껏 부리고자, 녹음한 곡들에 RKID*로 시작하는 일련번호를 붙이기로 했다.

앨범이 발매될 무렵인 2000년 2월 말, 노엘은 앨범의 장점에 대해 실용적 태도를 보인 듯했다. 그는 몇몇 곡과 거리를 두었다. 특히 〈Put Yer Money Where Yer Mouth Is〉와 〈I Can See a Liar〉에 관해 그 앨범의 "쓰레기 두 곡"이라는 잊지 못할 평가를 했고, 밴드의 중요성에 관해서는 매우 자제력을 발휘해서 말했다. "우리가 음악에 엄청난, 엄청난 영향을 끼치려 했다면 지난번에 그렇게 했을 테지만, 우리는 그 기회를 놓쳤다. 이 앨범이 내가 만든 마지막 앨범이라면 '아, 맙소사' 하고 생각했을 테지만, 다음 앨범이 이미 반쯤 완성되었다."

《Heathen Chemistry》가 발매되기까지는 또 2년이 걸렸다. 1999년 12월 초, 오아시스는 133일간의 월드 투어를 시작했다. 라이드의 앤디 벨과 헤비 스테레오의 젬 아처가 귁스와 본헤드 대신

→

2005년 5월 9일
웨스트웨이 스튜디오
영국 런던

합류했고, 그로 인해 밴드는 활기를 되찾은 듯 보였다.

5월경, 또다시 혼란스러워졌다. 리암과 말다툼을 벌인 후 노엘이 투어에서 빠진 것이다. 노엘은 자기 대타로 기타리스트 맷 데이튼을 영입했고, 자신은 오직 영국과 아일랜드 공연에만 참여하겠다고 선언했다. 노엘은 맨정신을 유지했지만 리암이 다시 술을 마시면서 형제의 불화가 비롯된 것 같다. 그해 말, 두 차례 웸블리 스타디움 공연 실황을 담은 앨범 《Familiar to Millions》가 제작되었다. 엉망으로 취한 리암의 상태를 숨기기 위해, 요코하마 공연의 몇 부분을 대신 삽입해야 했다.

보컬 리암의 끈질긴 음주벽 때문에 오아시스의 다섯 번째 음반 발매는 늦춰지고 말았다. 2001년 말 노엘은 동생을 공개적으로 저격하며, 리암의 보컬 파트를 완성하는 데 3개월 반이나 걸렸다고 밝혔다. 덧붙여 "악기만으로 만든 환상적인 앨범"이라고 말했다.

훗날 리암은 자신이 가장 싫어하는 오아시스 앨범으로 《Heathen Chemistry》를 꼽았다. 한편, 노엘은 밴드가 그 전 두 앨범에서 잃어버렸던 "특별한 무엇인가를 되찾았다"라고 느꼈다. 평론가들은 다소 회의적이었다.

하지만 오늘날에도 많이 사랑받는 오아시스의 노래 중에는 《Heathen Chemistry》에 수록된 곡들도 있다. 〈Stop Crying Your Heart Out〉에선 호소력 짙은 노엘의 작곡 방식이 되살아났다. 가사는 악보에서는 얼핏 따분해 보이지만, 리암이 부르면 불꽃이 튀는 듯하다. 짙은 그리움과 조용한 좌절, 그리고 위로와 우정에 관한 곡이다. 또한 그 곡에는 〈Slide Away〉, 〈Wonderwall〉, 〈Half the World Away〉, 〈Don't Look Back in Anger〉를 연상케 하는 부분이 있다. 월드컵이 열린 여름, 그 곡은 당시 국가적 분위기를 담아낸 듯도 했다. 마치 잉글랜드의 8강 탈락 배경음악이라도 된 것처럼.

《Heathen Chemistry》는 오아시스의 미래를 보여주는 청사진 같은 음반이기도 했다. 노엘은 녹음 작업을 즐겼다. 규칙적인 시간, 혼란 없는 분위기, 그리고 동생을 비롯한 멤버들과 함께 곡의 가사를 쓰는 경험 등. 오아시스가 계속 간다면, 이는 배를 안정시키는 좋은 방법이 될 듯했다.

후속 앨범 《Don't Believe the Truth》는 완성되기까지 시간이 꽤 걸렸다. 드러머 앨런 화이트가 밴드를 떠나고 잭 스타키가 대신 들어왔다. 앨런이 탈퇴한 이유는 제대로 밝혀지지 않았지만, 음악적 견해 차이 때문이라는 말이 돌았다. 데스 인 베이거스와 함께한 초반에는 딱히 빛나는 순간이 없었다. 예전 같으면 그냥 무턱대고 밀어붙였겠지만, 밴드 멤버들은 휴식기를 갖기로 했다. 그리고 새로운 프로듀서 데이브 사디와 다시 조율해서 함께하기로 했다. 이는 유익한 조치였다. 2004년 여름 무렵 그들은 충분한 열정을 갖게 되었고, 풀과 글래스턴베리 페스티벌의 라이브 무대에서 두 신곡 〈The Meaning of Soul〉과 〈A Bell Will Ring〉을 선보였다.

2005년 5월 말에 발매된 《Don't Believe the Truth》는 상당한 안도감을 선사했다. 실로 오랜만에, 오아시스는 활기차기보다는 견고해 보였다. 새로운 곡들에는 스트랭글러스, 벨벳 언더그라운드, 롤링 스톤스, 킹크스 등 익숙한 밴드들의 요소가 많이 담겼다. 그러나 그것들을 습관적으로 갖다 썼다기보다는 순수한 열정으로 인용한 느낌이었다. 노엘은 "우리는 그 정신을 되찾은 것 같다"라고 말했다.

사고가 없었던 점, 그리고 뉴욕의 매디슨 스퀘어 가든에서 첫 공연이라는 점에서 그 공연은 주목할 만했다.

밴드의 관계에는 활기와 동질감이 남아 있었기에, 계속하는 편이 현명해 보였다. 《Don't Believe the Truth》 투어의 마지막 구간이 종료되고 6개월 뒤부터 새 앨범 《Dig Out Your Soul》 녹음 작업이 시작되었다. 오아시스는 애비 로드 스튜디오에 자리를 잡았고, 사디가 다시 프로듀서를 맡았다. 노엘은 이미 오케스트라와 합창단을 비롯해 "필요한 모든 것"을 다 갖춘 "어마어마한" 앨범을 만들고 싶다는 열망을 밝혔다. 그해 말, 그는 작곡할 소재가 부족해져 젊은 시절의 환각 체험을 다시 꺼내 들었다고 말했다. 한편, 리암은 그 음반이 너무 무겁고 어쿠스틱 곡이 없다는 점을 언급했다. 팬들은 정확히 무엇을 기대해야 할지 의아해했다.

막상 발매되자, 오아시스의 여섯 번째 앨범은 일각에서 예상한 만큼 웅장하거나 전위적이지 않았다. 그 앨범에는 존 레넌의 마지막 인터뷰 일부와 크라우트록의 실험적 요소가 담겨 있었지만, 오아시스의 본질적 사운드는 퇴색하지 않았다. 후속 투어는 2008년 8월 말에 시작되었고, 새로운 라이브 드러머 크리스 샤록이 합류했다. 단 일곱 시간 만에 50만 장의 표가 팔리는 신기록이 수립된 그 투어에는 맨체스터 히턴 파크에서의 세 차례 공연이 포함되었다. 첫째 날 밤, 발전기 고장으로 공연이 두 번이나 중단되었고, 세 번째로 무대에 돌아온 리암은 관객 7만 명에게 이 공연은 이제 무료라고 선언했다. 그들 중 약 2만 명이 환불을 요구했다.

안정기를 거친 후, 《Dig Out Your Soul》 투어를 즈음하여 뭔가 갈등이 일어났다. 토론토에서 어떤 관객이 보안요원들을 뚫고 들어가 노엘을 바닥에 쓰러뜨렸다. 밴드는 잠시 동요했고 일정을 취소하거나 연기했다. 잔여 공연 일정에 수상한 그림자가 드리운 듯했다. 나중에는 노엘이 티베트 해방을 지지하는 공연에 참여한 사실을 알게 된 중국 정부가 오아시스의 공연 비자를 취소하는 일이 발생했고, 2009년 8월에는 리암이 후두염에 걸려서 에식스의 V 페스티벌을 취소해야 했다.

V 페스티벌 불과 닷새 후, 오아시스는 파리 록 앙 센 페스티벌에 참여할 예정이었다. 그러나 블록 파티 무대 도중에 보컬인 켈리 오케릭이 오아시스는 공연하지 않을 것이라고 말했다.

무대 뒤에서 갤러거 형제는 다툼을 벌였다. 리암이 오아시스의 투어 프로그램에 자신의 의류 브랜드 광고를 끼워 넣기로 했기 때문이다. 순식간에 그들은 분장실에서 몸싸움까지 벌였다. 훗날 노엘은 리암이 분장실을 나가던 모습을 회상했는데, 리암이 자두를 벽에 집어 던지고는 문을 박차고 나가버렸다. 동생이 다시 돌아올 거라고는 예상하지 못했고, 특히나 자기 기타를 '마치 도끼처럼' 휘두르며 돌아올 줄은 전혀 예상치 못했다. 노엘은 공연장을 빠져나가 차 안에 앉아 있었다.

두 시간 뒤, 그는 다음과 같이 발표했다. "오늘 밤, 저는 오아시스를 그만두기로 했다는 사실을 알리면서 일말의 슬픔과 크나큰 안도를 느낍니다. 사람들은 자기 마음대로 이러쿵저러쿵할 겁니다. 그래도 저는 이제 단 하루도 리암과 함께 일할 수 없습니다." 폭발적으로 데뷔하고 15년이 흐른 뒤 저항, 가능성, 추진력은 끝내 종언을 고하고 말았다.

↑ →

2001년 10월 7일~8일
셰퍼즈 부시 엠파이어
영국 런던

(FUCKIN' IN THE BUSHES)
GO LET IT OUT
COLUMBIA
MORNING GLORY
ACQUIESCE
SUPERSONIC
FADE AWAY
THE HINDU TIMES

HALF THE WORLD AWAY
ONE WAY ROAD
THE MASTERPLAN

GAS PANIC!
CIGS & ALCOHOL
LIVE FOREVER
HUNG IN A BAD PLACE
SLIDE AWAY
SHE'S ELECTRIC
CHAMPAGNE SUPERNOVA
ROCK N' ROLL STAR

DON'T LOOK BACK IN ANGER
I AM THE WALRUS

OASIS
10 Years of Noise Con

Sunday, 7th Oct
Shepherds Bush Empir

LOAD IN   8:00

OASIS
SOUND CHECK   4:00-

THE MUSIC
SOUND CHECK   5:30-

DOORS   7:00

THE MUSIC
ON STAGE   8:00-

OASIS
ON STAGE   9:00-

2001년 10월 10일
뮤직그라운드
영국 리즈

231

2001년 12월 3일~6일
올림픽 스튜디오
영국 런던

2001년 12월 3일~6일
올림픽 스튜디오
영국 런던

↓ →

2001년 12월 3일~6일
올림픽 스튜디오
영국 런던

↑
2001년 12월 3일~6일
올림픽 스튜디오
영국 런던

오아시스는 조니 마와 함께 조지 해리슨의 〈It's All Too Much〉를 편곡하고 있었다. 11월 말에 사망한 조지 해리슨에게 헌정하기 위해서였다. 조이너스 사진의 오른쪽 아래 구석에 적힌 노래 가사 몇 줄이 눈에 띈다. 방 가운데에 삼각대를 설치했고, 하루 종일, 마치 스캐너처럼 왼쪽에서 오른쪽으로 또 꼭대기에서 바닥으로 각각의 프레임을 촬영했다. 그 결과 뮤지션들은 다양한 자세로 여러 차례 촬영되었다. 나는 필름을 현상하고 5×7인치와 6×4인치 광택지로 인화했다. 크리스마스와 새해 사이에, 식탁 위에 인화된 사진들을 모아서 예술 작품을 만들었다. 흡사 매우 만족스러운 퍼즐을 맞추는 것 같았다. 그 녹음이 어떻게 되었는지는 모르겠다….

2001년 12월 3일~6일
올림픽 스튜디오
영국 런던

2002년 7월 6일
핀스베리 파크
영국 런던

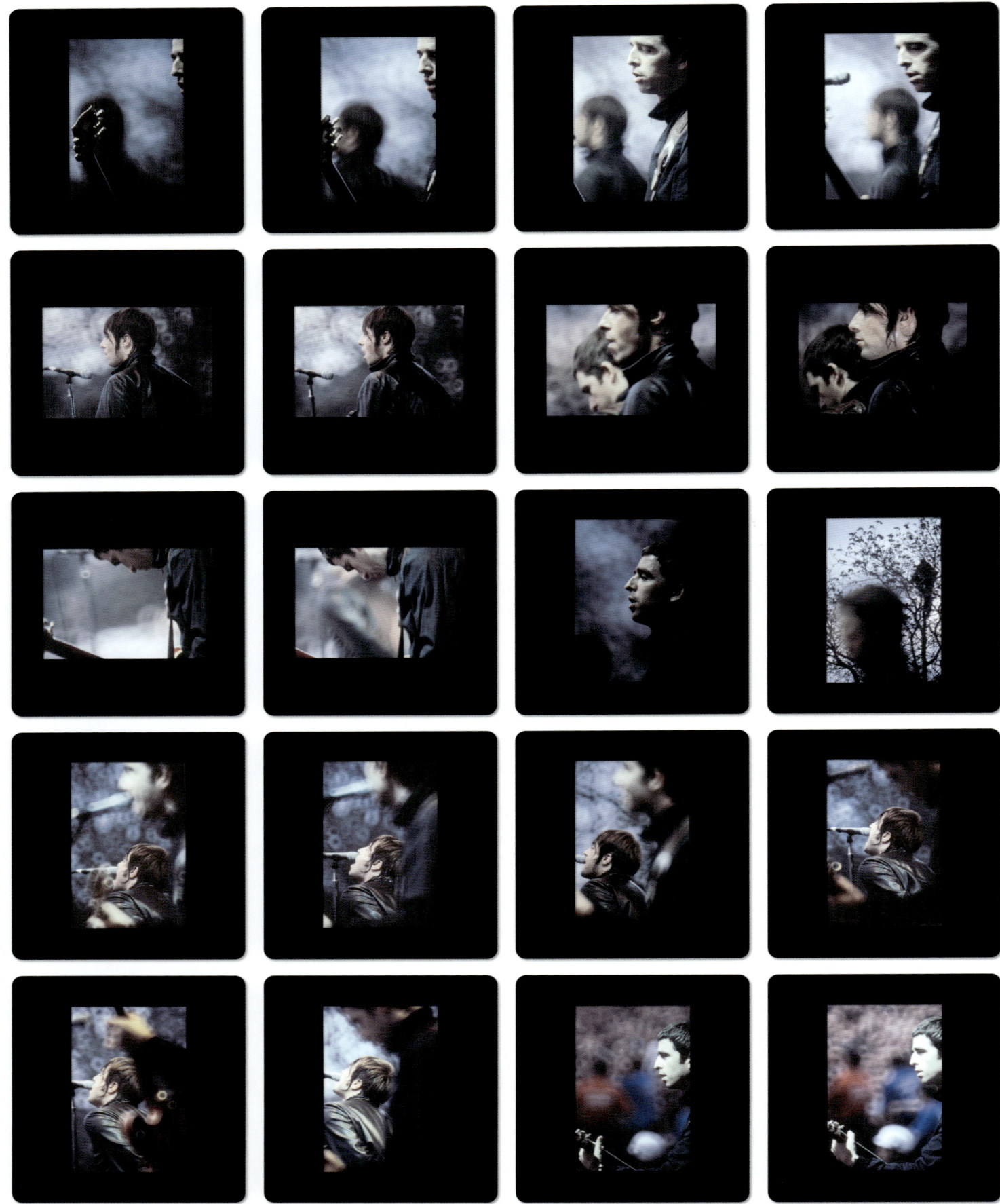

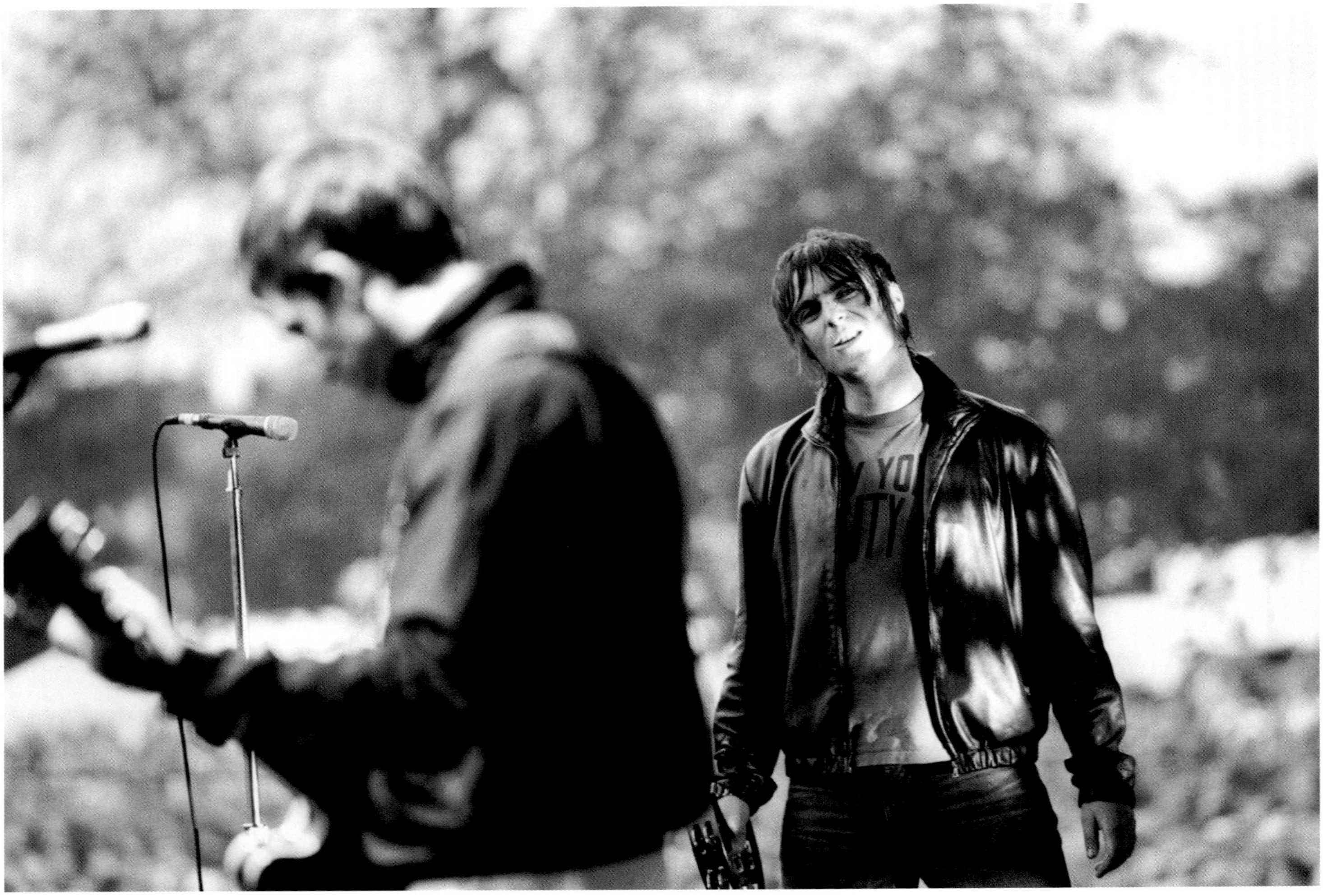

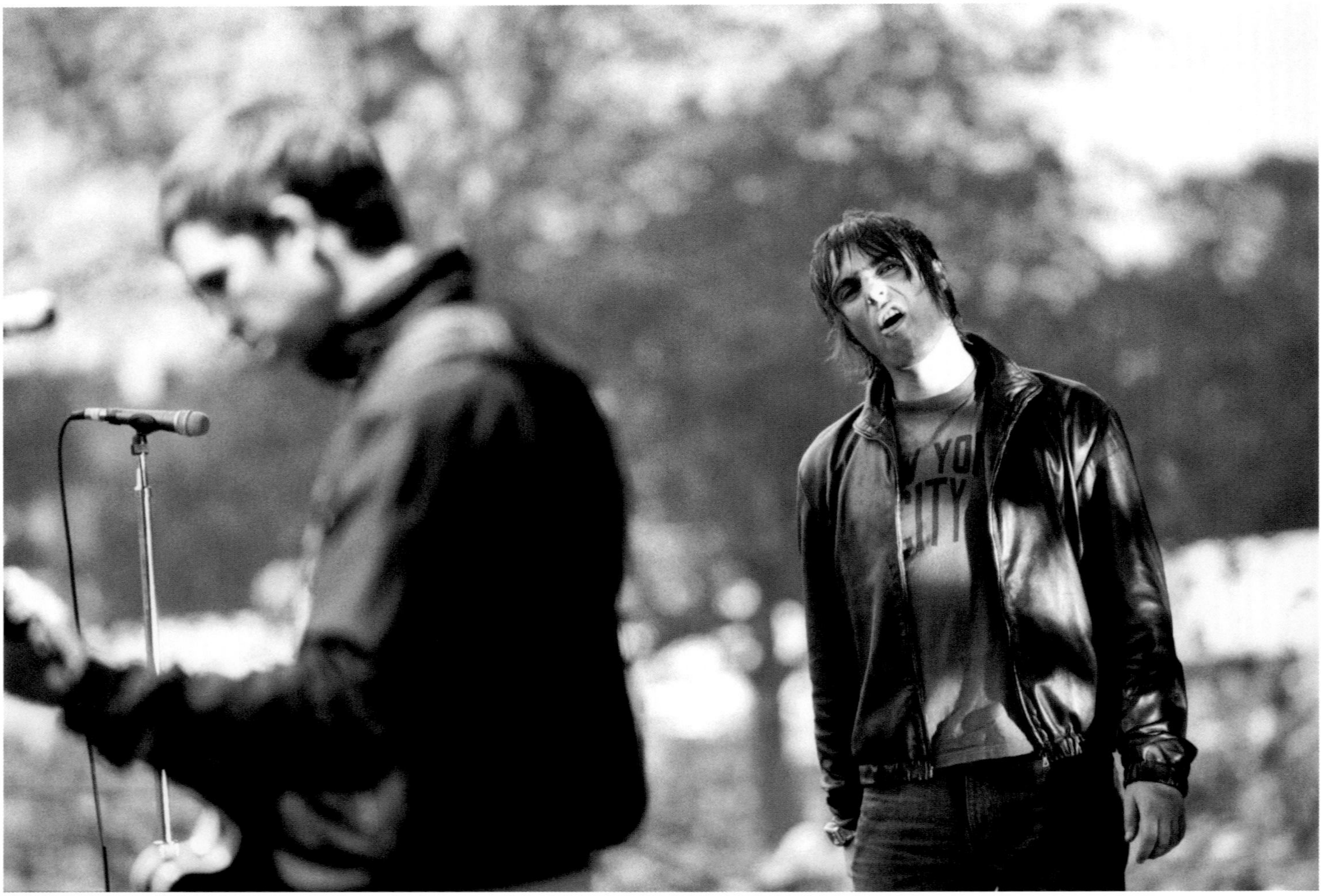

245

←→

2002년 7월 6일
핀스베리 파크
영국 런던

HEATHEN

2004년   휠러 엔드 / 영국 버킹엄셔
          글래스턴베리 페스티벌 / 영국 서머싯
          하이 위컴 / 영국 버킹엄셔
          스트롱룸 스튜디오 / 영국 런던

RELEASED	2002년 7월 1일
RECORDED	2001년~2002년
STUDIOS	휠러 엔드(버킹엄셔) 올림픽 스튜디오(런던)
LENGTH	47분 54초 (히든 트랙 포함 시 76분 36초)
LABEL	빅브라더 레코딩스
PRODUCERS	오아시스
ARTWORK	

CHEMISTRY

2004년 4월 6일
휠러 엔드
영국 버킹엄셔

↓

2004년 4월 26일
휠러 엔드
영국 버킹엄셔

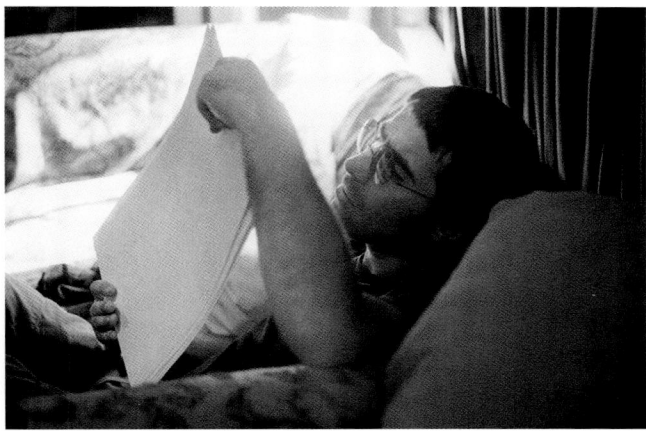

2004년 6월 25일
글래스턴베리 페스티벌
영국 서머싯

2004년 8월
하이 위컴
영국 버킹엄셔

2004년 9월 1일
스트롱룸 스튜디오
영국 런던

2004년 9월 1일
스트롱룸 스튜디오
영국 런던

DON'T BELIEVE

2005년	하이네켄 뮤직홀 / 네덜란드 암스테르담
2007년	애비 로드 / 영국 런던

RELEASED	2005년 5월 30일
RECORDED	2004년 1월~2005년 1월
STUDIOS	올림픽 스튜디오(런던)
	스트레인지웨이 스튜디오(맨체스터)
	휠러 엔드(버킹엄셔)
	캐피톨 스튜디오(로스앤젤레스)
	메트로폴리스 스튜디오(런던)
	더 빌리지(로스앤젤레스)
LENGTH	42분 52초
LABEL	빅브라더 레코딩스
PRODUCERS	데이브 사디
	노엘 갤러거
ARTWORK	

THE
TRUTH

이 사진들은 장장 11개월에 걸친 《Don't Believe the Truth》 투어 도중 암스테르담의 하이네켄 뮤직홀 무대 뒤에서 찍었다. 사진 중에는 오랜 친구들의 모습도 있

츠를 입은 조너선 '스컬리' 모왓. 조너선은 현재 노엘의 뮤직비디오 감독이며, 맨체스터 시티에서는 잘 알려진 유명 인사다. 노엘과 리암 모두 초기 시절의 이 친구들

2007년 8월~12월
애비 로드
영국 런던

DIG OUT

2008년	블랙 아일랜드 스튜디오 / 영국 런던
2009년	히턴 파크 / 영국 맨체스터
	웸블리 스타디움 / 영국 런던
	브리들링턴 스파 / 영국 요크셔

RELEASED	2008년 10월 6일
RECORDED	2007년 7월~2008년 3월
STUDIOS	애비 로드(런던)
	힐사이드 매너(로스앤젤레스)
	더 빌리지(로스앤젤레스)
LENGTH	45분 51초
LABEL	빅브라더 레코딩스
PRODUCERS	데이브 사디
ARTWORK	

YOUR SOUL

2008년 8월 14일
블랙 아일랜드 스튜디오
영국 런던

→→

영국 맨체스터
히턴 파크

하고많은 곳 중에서 하필 우리 고향이었다. 발전기가 고장 났다. 그래서 일단 무대에서 내려왔고, 다시 올라가려고 했는데 보조 발전기도 고장 나버렸다. 세 번째로 무대에 오르자, 관객들이 말했다. "무슨 일이 있더라도, 무대를 떠나지 마." 관객들 사이에 긴장감이 감돌았기 때문이다. 누군가 말했다. "발전기가 또 고장 난다면 끝이야. 모두에게 환불해 줘야 할 거야. 그러면 무료 공연처럼 되고 말 거야." 그런데 리암이 그 말을 잘못 알아듣고는 이렇게 말했다. "이제 무료 공연입니다."

→ / →→ / →→→

2009년 7월 4일
히턴 파크
영국 맨체스터

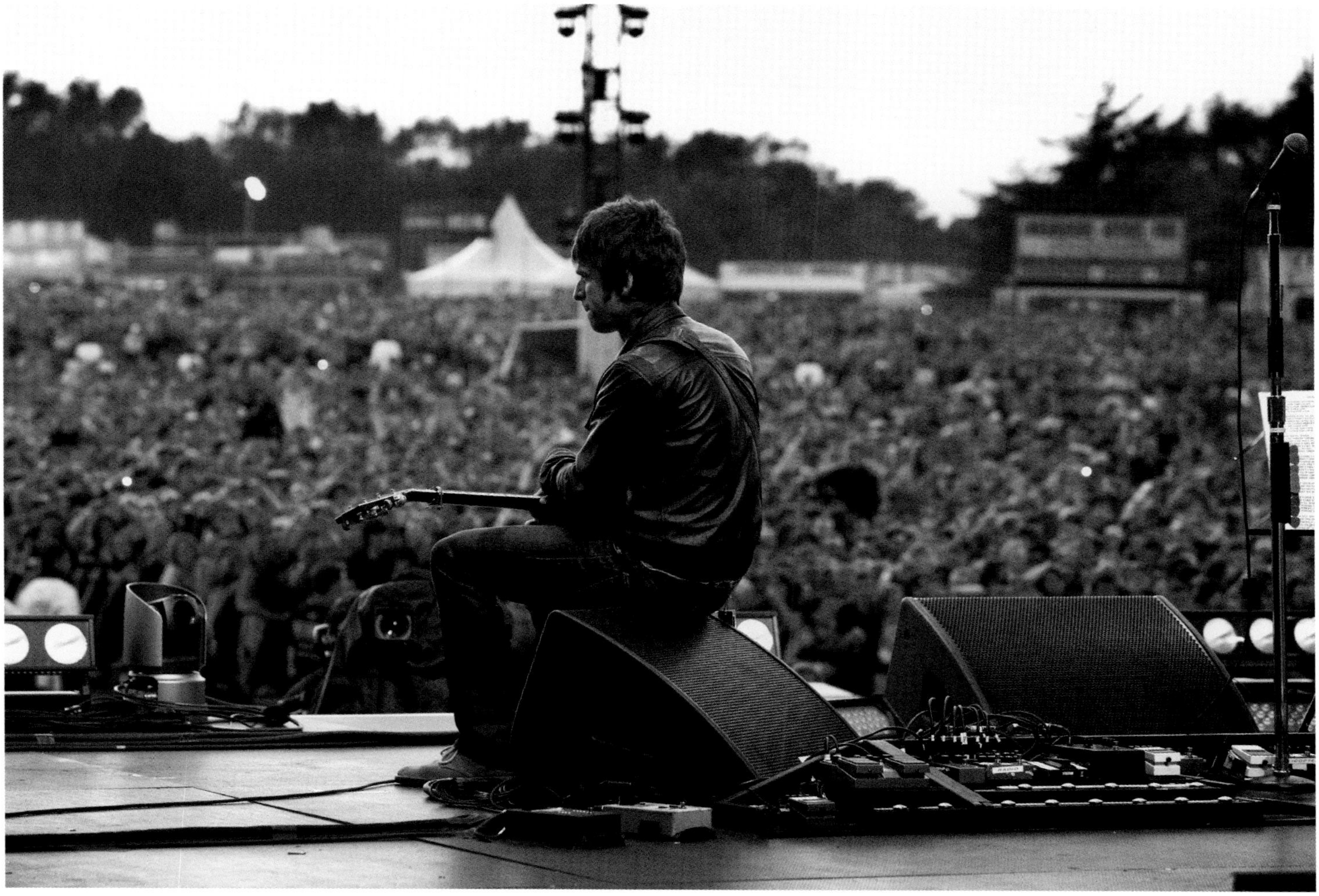

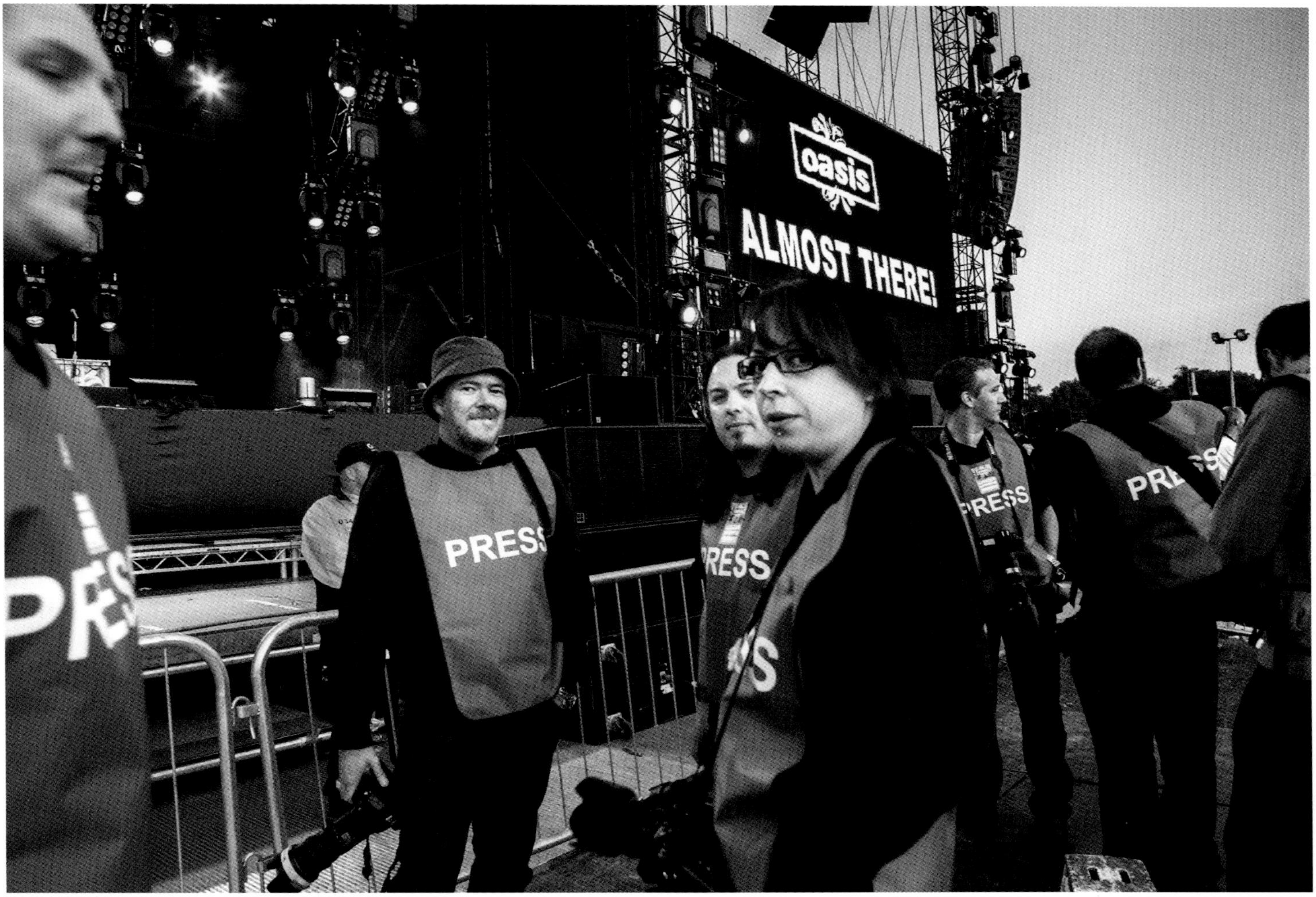
oasis
ALMOST THERE!
PRESS
PRESS
PRESS
PRESS
PRESS

2009년 7월 11일~12일
웸블리 스타디움
영국 런던

↑ / →→ / →→→

2009년 8월 20일
브리들링턴 스파
영국 요크셔

2009년 8월 20일, 오아시스는 요크셔의 브리들링턴 스파에서 마지막 '단독 공연'을 열었다. 엄청나게 더웠고, 표를 구한 운 좋은 팬들은 그날 하루를 즐겁게 보냈다. 어떤 사람들은 바다에서 수영했고, 또 어떤 사람들은 '프리티 그린'의 티셔츠, 파카, 배지가 달린 모자를 과시하며 그 앞을 어슬렁거렸다. 오아시스는 방파제와 해변이 훤히 보이는 분장실 커다란 창문으로 그들을 내다볼 수 있었다. 그날은 무대 뒤에서나 위에서나 긴 장이 느껴졌다. 공연을 하는 동안 노엘과 리암은 최대한 멀리 떨어져 있었다. 어쨌든 훌륭한 공연이었다. 렌즈에 너무 심하게 김이 서린 바람에 발코니에 나가서 닦았고 그냥 그대로 끝까지 머물렀다. 밴드가 떠난 것은 그 직후였다. 오아시스는 영국에서 한 번 더 공연을 가졌다. 8월 22일 열린 V 페스티벌이었다. 그리고 6일 후인 8월 28일, 파리 무대에 오르기 전에 갑자기 해체를 선언함으로써 전 세계 팬들을 낙담케 했다.

파리에서 그 암울한 저녁 이후 수년 동안, 팬들은 갤러거 형제가 화해할 조짐을 고대했다. 리암은 오아시스 이후 세월에서 느낀 좌절감을 언급하며, 자기 세상이 "붕괴했다"라고 말했다. 그 공백을 메우고자 그는 아처, 벨, 셔록과 함께 비디 아이를 결성했고, 그 후에는 솔로 활동을 이어갔다. 노엘은 하이 플라잉 버즈라는 투어 밴드를 결성했는데, 여기에 아처와 셔록도 참여했다.

그들은 여전히 뮤지션이었다. 하지만 많은 사람에게, 오아시스의 정신은 형제가 언론을 통해 주고받은 모욕 속에 더 생생히 살아 있었다. 형제는 비난과 조롱을 예술로 승화시켰다. 노엘은 리암의 솔로 작품들에 대해 "단순 무식한 사람들을 위해, 단순 무식한 사람이 만든, 단순 무식한 음악"이라고 깎아내렸다. 리암은 소원해진 형을 그저 "두부 소년"이라는 호칭으로만 불렀다. 일종의 듀엣곡 같았다. 그들 사이에 여전히 전기가 통하고 있음을 기억나게 해주는.

지난 15년 동안 갤러거 형제와 나눈 대화에서, 그들의 얼어붙은 관계가 풀릴 가능성이나 오아시스가 재결합할 가능성이 언급되지 않은 때는 없었다. 처음에는 두 사람 모두 그런 생각을 강하게 일축했다. 그러나 근래 들어 그들은 다소 완화된 태도를 보이는 듯했다. 작년 초, 리암은 다시 노엘과 연락하고 싶다고 했다. 그는 이렇게 말했다. "그는 내 형이에요. 나는 형을 사랑합니다."

2024년 8월 말, 오아시스가 재결합한다고 발표했을 때

시의적절하다고 생각했다. 돈보다는 사랑을 위해서였으며, 서서히 가까워진 결과였으니까. 또한 이는 더 다양한 요구를 충족시키는 것이었다. 컴백 투어나 브릿팝 부흥을 넘어서 무언가 점점 희귀해지는 더 깊은 가치를. 예를 들어 상호 관계, 유대감, 그리고 음악으로 나타나는 헌신 같은 것들 말이다.

한때 노엘은 1980년대 후반과 1990년대 초반 애시드하우스 시절에 경험한 집단주의가 오아시스의 숨은 힘이라고 설명했다. 그것은 허세에 절은 자만심이 아니었노라고, 그는 설명했다. "그것은 유대감에 관한 것이었다. … 그것은 '너와 나'에 관한 것이었다." 오아시스를 래드 록이라고 헐뜯거나 갤러거 형제의 다툼에 정신이 팔린 사람들은 오랫동안 그 핵심을 놓치고 있었다. 이 밴드를 사랑하는 일은 관대함과 포용성이라는 정신을 받아들이는 것이다.

그 사랑으로 돌아가고 관객 앞에 다시 서는 것은 강력한 일이다. 오아시스의 재결합은 일종의 초대다. 함께 모이고, 그 유대감을 다시 느끼고, 우리의 예전 모습을 되찾는 것. "사람들은 절대로 잊지 않는다. 당신이 그들에게 느끼게 했던 것을." 노엘은 언젠가 그렇게 말했다.

로라 바턴

캡션

앨범

12쪽
1995년 7월 22일
슬레인 캐슬
아일랜드 더블린 인근

68쪽
1996년 8월 4일
발록 캐슬 컨트리 파크
스코틀랜드 로몬드호

144쪽
1997년 2월
에어 스튜디오
영국 런던

208쪽
1999년 5월 20일~22일
샤토 드 라 콜 누아르
프랑스 칸 인근

246쪽
2004년 6월 15일~17일
디포 리허설
영국 런던

260쪽
2007년 8월~12월
애비 로드
영국 런던

270쪽
2008년 8월 14일
블랙 아일랜드 스튜디오
영국 런던

본문 시작 & 몽타주 부분

2쪽
사진작가 앤디 블레이크가 작업한, 15년 동안
촬영된 오아시스의 테스트 스트립 몽타주

4~5쪽
1995년 9월 28일 디포 스튜디오에서 리허설 도중
바닥에 버려진 작곡 용지들

9쪽
1996년 7월 28일 버밍엄 NEC에서 리허설 중인
노엘

32쪽(왼쪽 위에서 시계방향으로)
〈Live Forever〉 뮤직비디오 촬영 중인 본헤드, 귁스,
노엘 / 런던 포틀랜드 플레이스, 1995년 1월 5일
밴드를 머리 위에서 촬영한 사진 / 런던 포틀랜드
플레이스, 1995년 1월 5일
밴드의 멀티 프레임 사진 / 미국 투어, 1996년 3월
크리에이션 크리스마스 파티에서 노엘 / 런던,
1995년 12월 22일
샌프란시스코 길거리에서, 1995년 1월 31일
무대에 선 노엘 / 맨체스터 메인 로드, 1996년 4월
26일
크리에이션 크리스마스 파티에서 딕 그린, 리암,

조니 홉킨스, 노엘, 메그 매튜스, 앨런 맥기 / 런던,
1995년 12월 22일
이그니션 사무실에서 넵워스 포스터를 배경으로
찍은 멀티 프레임 사진, 알렉 맥킨레이와 크리스틴
빌러도 함께 찍혔다 / 런던, 1996년 8월
〈Wonderwall〉 뮤직비디오 촬영 중에 리암 / 런던,
1995년 9월 29일
콘 익스체인지에서 노엘과 귁스의 슬라이드
사진들 / 케임브리지, 1994년 12월 4일

160쪽(왼쪽 위에서 시계방향으로)
무대 뒤에서 앨런 맥기와 딕 그린 / 맨체스터 메인
로드, 1996년 4월 26일
콘 익스체인지 무대 뒤에서 파올로 휴이트,
다니엘라 소아베, 본헤드, 앨런 맥기 / 케임브리지,
1994년 12월 4일
공연 시작 전 텅 빈 객석에서 / 맨체스터 메인
로드, 1996년 4월 26일
관객을 향해 축구공을 찬 오아시스 / 하트퍼드셔
넵워스, 1996년 8월 10일
크리에이션 레코드 홍보 담당자 조니 홉킨스 /
케임브리지, 1994년 12월 4일
생각에 잠긴 리암 / 샌프란시스코, 1995년 1월 31일
《Take Me There: Oasis, the Story》 책
사인회에서 두 프레임으로 찍은 노엘과 폴 마투르 /
1996년 11월 26일
무대 위의 본헤드 / 런던 얼스 코트, 1997년 9월
27일
무대 위의 앨런 화이트 / 런던 웸블리 아레나 /
1997년 12월 18일
자전거 탄 사람에게 불쑥 말을 거는 리암 / 파리,
1995년 11월 23일
멀티 프레임 사진 / 맨체스터 메인 로드, 1996년
4월 27일

222쪽(왼쪽 위에서 시계방향으로)
올림픽 스튜디오에서 녹음 중인 리암을 두
프레임으로 찍은 사진 / 런던, 2001년 12월 5일
공연 시작 전 리암과 노엘 / 런던 웸블리 스타디움,
2000년 7월 21일
스튜디오 2에서 프로듀서 데이브 사디와 함께한
노엘과 리암 / 런던 애비 로드 스튜디오, 2007년
8월 9일
휠러 엔드 스튜디오에서 찍은 노엘의 멀티 프레임
사진 / 버킹엄셔, 2004년 4월 23일
뮤직그라운드 기타상점에서 찍은 조니 마의 멀티
프레임 사진 / 리즈, 2001년 10월 10일
무대 뒤에서 앨런 화이트와 함께 모니터를 보는
노엘과 리암 / 런던 웸블리 스타디움, 2000년 7월
21일
앨런 화이트를 두 프레임으로 찍은 사진 / 런던,
올림픽 스튜디오, 2001년 12월 5일
리허설 중인 오아시스 / 런던 웨스트웨이, 2005년
5월 9일
뮤직그라운드 기타상점에서의 노엘과 조니 마 /
리즈, 2001년 10월 10일
두 프레임으로 찍은 노엘과 리암 사진 / 런던
올림픽 스튜디오, 1999년 7월 27일.

이 책에 실은 자료들의 출처를 밝히고 저작권
소유자의 권리를 지켜주기 위해 최선을 다했다.
만약 저자나 출판사가 빠뜨렸거나 오류가 있을 시
양해를 바라며, 향후 개정판에서 바로잡을 것이다.

사진 출처

2쪽
질 퍼마노브스키의 테스트 스트립. 앤디
블레이크의 몽타주

11쪽
폴 마투르의 사진

13쪽
《Definitely Maybe》, 오아시스, 크리에이션
레코드
사진: 마이클 스펜서 존스
앨범 커버 콘셉트와 디자인 및 아트 디렉터:
마이크로닷의 브라이언 캐넌

69쪽
《(What's the Story) Morning Glory?》,
오아시스, 크리에이션 레코드
사진: 마이클 스펜서 존스
모델: 숀 롤리
앨범 커버 디자인 및 아트 디렉터: 마이크로닷의
브라이언 캐넌, 보조 매튜 생키

145쪽
《Be Here Now》, 오아시스, 크리에이션 레코드
사진: 마이클 스펜서 존스
앨범 커버 디자인 및 아트 디렉터: 마이크로닷의
브라이언 캐넌, 보조 매튜 생키와 마틴 캐서럴

209쪽
《Standing on the Shoulder of Giants》,
오아시스, 빅브라더 레코딩스
사진: 앤드루 맥퍼슨
아트 디렉터: 사이먼 핼폰과 노엘 갤러거

247쪽
《Heathen Chemistry》, 오아시스, 빅브라더
레코딩스
사진: 앤드루 맥퍼슨
앨범 커버 디자인: 노엘 갤러거와 사이먼 핼폰

261쪽
《Don't Believe the Truth》, 오아시스, 빅브라더
레코딩스
사진: 로런스 왓슨
삽화 콘셉트 및 디자인: 노엘 갤러거
레이아웃: 사이먼 핼폰
(차고) 그림: 루크 데인

271쪽
《Dig Out Your Soul》, 오아시스, 빅브라더
레코딩스
삽화: 인트로의 줄리언 하우스

296~297쪽
질 퍼마노브스키와 멜 예이츠의 사진

299쪽
이본 카터슨의 사진

저자와 기고자 소개

↓

2023년 10월
질의 스튜디오에서 노엘과 질
영국 런던

질 퍼마노브스키는 50년 넘게 전설적인 록 뮤지션들을 촬영했다. 그중에는 핑크플로이드, 밥 딜런, 블론디, 더 클래시, 폴리스, 라몬즈, 프리텐더스, 조이 디비전, 레너드 코헨, 에이미 와인하우스, 그리고 오아시스가 있다. 2024년에 잡지 《Amateur Photography》에서 평생공로상을 받았고, So.Co Image of Music Awards에서 '올해의 레전드'를 수상했으며, 명망 높은 Abbey Road ICON을 수상했다. 이때 노엘은 질을 "내 최고의 친구"라고 소개했다.

노엘 갤러거는 빼어난 작곡가이면서 쿨 브리타니아 시절을 상징하는 밴드 오아시스의 리드기타리스트이자 공동 리드보컬이다. 1994년 8월 영국 차트 1위에 오른 오아시스의 첫 앨범 《Definitely Maybe》는 평론가들로부터도 상업적으로도 엄청난 성공을 거두었다. 다음의 두 앨범인 《(What's the Story) Morning Glory?》

(1995)와 《Be Here Now》(1997)도 마찬가지였다. 밴드는 2009년에 해체했지만 2025년 월드 투어를 위해 재결합했다.

사이먼 스펜스는 《선데이타임스》의 베스트셀러 작가로, 《The Stones Roses: War and Peace》를 저술했다. 그가 최근에 쓴 책 《Feeling Supersonic: From Madchester to Britpop》은 backstagebooks.com에서 구할 수 있다. 《NME》, 《The Face》, 《i-D》, 《Dazed》 등 여러 매체에서 음악 기자로 활동한 경력이 있다.

조니 홉킨스는 1990년대에 크리에이션 레코드에서 언론 담당 책임자이자 오아시스의 홍보 담당자였다. 2000년부터 Triad Publicity에서 시네이드 오코너, 리 '스크래치' 페리, 그레이엄 콕슨, 카사비안, 지저스 앤 메리 체인, 마크 스튜어트, 아드리안 셔우드

등의 뮤지션들과 데니스 모리스, 게러드 만코비츠 같은 사진작가들과 함께해 왔다. 또 벨벳언더그라운드, 엘비스 프레슬리, 브릿팝, 음악산업에 관한 글을 썼다.

로라 바턴은 《가디언》의 특집 기자이자 음악 칼럼니스트로 10년 이상 일했다. 《옵서버》, 《뉴욕타임스》, 《텔레그래프》. 《파이낸셜타임스》, 그리고 잡지 《1843》, 《Q》에도 글을 쓰고 있으며, BBC의 'Radio 4'와 'Radio 3' 정규 기고자이기도 하다. 각종 페스티벌과 대학 등에서 정기적으로 강연하고 있으며, 2018년부터는 그린 맨 페스티벌에서 문학 무대를 기획하고 있다. 또한 두 권의 소설을 썼다. 2011년에 《Twenty-One Locks》를 출간했으며, 2026년에는 《Sad Songs》를 출간할 예정이다.

밴드 멤버

노엘 갤러거NOEL GALLAGHER
리드기타 겸 보컬(1991~2009, 2024~) / 리듬기타(1991, 1999~2009, 2024~) / 키보드(1995~2009) / 베이스 (1993~1994, 1995, 1999)

리암 갤러거LIAM GALLAGHER
보컬, 탬버린(1991~2009, 2024~) / 어쿠스틱기타(2001~2002, 2007~2008)

폴 '본헤드' 아서스PAUL 'BONEHEAD' ARTHURS
리듬기타(1991~1999, 2025~) / 리드기타(1991) / 키보드 (1994~1997) / 베이스(1995)

폴 '귁스' 맥기건PAUL 'GUIGS' MCGUIGAN
베이스(1991~1995, 1995~1999)

토니 맥캐롤TONY MCCARROLL
드럼(1991~1995)

앨런 '화이티' 화이트ALAN 'WHITEY' WHITE
드럼, 퍼커션(1995~2004)

겜 아처GEM ARCHER
리듬기타 겸 리드기타(1999~2009, 2025~) / 백 보컬 (2002~2003) / 키보드(2002~2005) / 하모니카(2005~2009)

앤디 벨ANDY BELL
베이스(1999~2009, 2025~) / 리듬기타(2003~2009) / 키보드 (2007~2009)

스콧 맥로드SCOTT MCLEOD
베이스(1995)

마이크 로MIKE ROWE
키보드(1997~2000, 2001)

맷 데이튼MATT DEIGHTON
리듬기타(2000)

젭 제임슨ZEB JAMESON
키보드(2000~2001)

스티브 화이트STEVE WHITE
드럼, 퍼커션(2001)

제이 달링턴JAY DARLINGTON
키보드(2002~2009)

잭 스타키ZAK STARKEY
드럼, 퍼커션(2004~2008)

크리스 샤록CHRIS SHARROCK
드럼, 퍼커션(2008~2009)

조이 워론커JOEY WARONKER
드럼, 퍼커션(2025~)

감사의 말

특별히 감사의 말을 전하고 싶은 사람들이 있다.

노엘 갤러거가 이 여정 내내 보여준 비전과 실질적인 지원, 그리고 우정. 리암 갤러거의 롤러코스터 같은 기질과 내면의 다정한 모습. 폴 '본헤드' 아서스, 폴 '귁스' 맥기건, 토니 맥캐롤, 앨런 '화이티' 화이트, 겜 아처, 앤디 벨, 잭 스타키, 마이크 로, 크리스 샤록, 제이 달링턴. 페기 갤러거의 친절한 마음씨.

매기 무자키티스, 제이슨 로즈, 그리고 과거와 현재의 오아시스 공연 스태프. 나는 항상 그들에게서 소속감을 느꼈다. 이그니션의 마커스 러셀, 알렉 맥킨레이, 클레어 번, 사라 맨스필드. Fear PR의 데비 그위더에. UROK의 샘 엘드리지와 로이 엘드리지. 크리에이션 레코드의 앨런 맥기, 딕 그린, 조니 홉킨스. 마이크로닷의 브라이언 캐넌.

나를 그 밴드에 소개해준 다니엘라 소아베.

제작과 수정의 고급 기술을 알려준 멜리사 그린에게 대단히 감사한다!

rockarchive.com의 리앤 스넬슨과 클레어 가이즈.
Take 3 Management의 비키 맥클버와 게일 버클랜드.

Thames & Hudson의 트리스탄 드 랜시, 애거사 스미스, 제인 레잉, 새디 버틀러, 플로렌스 앨러드.

이본 카터슨, 트레이시 크래프트, 스튜어트 니콜스, 제인 리플리, 멜 예이츠, 앤디 블레이크, 스튜어트 컬리.
영화 제작자들: 로빈 가이즈와 LipSync의 이본 맥코나기와 맷 맥코나기.

훌륭한 글을 써준 사이먼 스펜스, 조니 홉킨스, 로라 바턴.

마크 로버트슨과 애비 로드 스튜디오.

오브리 '포' 파월, 아나이스 갤러거, 네빌 브로디, 조니 마와 소니 마, 메리 맥기건.

버질리오 폰스, 레아 버글라스 맥킨슨, 인디아 코원, 캐머런 맥킨슨과 타이 맥킨슨.

미셸 에스터먼과 메이블스, 루스 데이비스, 닉 시걸, 사라 리, 이언 헤센버그.

↑

1997년 11월
페기 갤러거
영국 맨체스터

←

1997년 9월
〈Was There Then〉 전시회
라운드하우스
영국 런던

1997년 11월, 나는 페기 갤러거가 살고 있는 맨체스터 남부 버니지의 집으로 사진 몇 장을 들고 갔다. 당시 나는 전설적인 하시엔다 클럽에서 〈Was There Then〉 전시회를 준비하고 있었다. 처음 몇 년 동안, 페기를 주로 공연장에서 몇 차례 만났다. 그녀는 우리가 만나볼 수 있는 가장 소탈한 사람이다. 그녀와의 대화는 늘 즐거웠다.

벽에는 가족사진들 사이로 내가 찍은 사진 몇 장이 걸려 있었다. 페기는 노엘과 리암이 함께 쓴 방을 보여줬다. 방 오른쪽에는 큰 옷장이 있고, 그 안에는 리암의 옷이 많이 들어 있었다. "그 애는 저 옷들을 가져가겠다고 했지만, 아직 안 하고 있어요." 벽에는 비틀스 포스터들이 붙어 있었다. 작은 방이었다. "예전에는 옷장이 없었어요. 리암의 침대는 이쪽에 있었고, 노엘의 침대는 저쪽 구석에 있었죠. 그 애들은 서로 떨어져서 지냈어요."

페기는 자신이 일하지 않아도 될 날이 올 줄은 상상도 못 했다고, 70대가 되어도 일하고 있을 줄 알았다고 했다. 그녀는 하루에 네 가지 일을 한 적도 있었다. 청소부 일을 하고, 식당에서 일하고, 또 청소부 일을 한 뒤, 밤에는 노인요양원에서 일했다.

뒤뜰에는 리암의 고물 스쿠터가 빨랫줄이 걸린 벽에 기대어 있었다. 페기는 내가 핫셀블라드 카메라에 남은 마지막 필름 한 컷으로 사진을 찍을 수 있도록 그 스쿠터에 앉아줬다.

찾아보기

이탤릭체는 사진

이 책을 손주들인 인디아와 캐머런에게, 그리고 특히 이따금
오아시스의 리허설과 공연에 동행해준 딸 레아에게 바친다.

↓
1995년 9월 28일
오아시스의 리허설을 보러 온 레아
영국 런던 더 디포

옮긴이 **김영진**
대학에서 역사를 공부했고, 오아시스의 오랜 팬이다. 역사와 인문, 문학 등 분야
를 넘나들며 번역을 하고 있다. 옮긴 책으로 《하워드 진 살아 있는 미국 역사》,
《핀켈슈타인의 우리는 너무 멀리 갔다》,《세일럼의 마녀들》,《아우슈비츠의 치
과의사》 등이 있다.

오아시스 Oasis
1994-2009/2025
────────────────────────────
초판 1쇄 발행 2025년 10월 10일

지은이   질 퍼마노브스키, 노엘 갤러거
옮긴이   김영진
펴낸이   이영선
책임편집   김종훈

편집   이일규 김선정 김문정 김종훈 이민재 이현정 조유진
디자인   위수연 김회랑
독자본부 김일신 손미경 정혜영 김연수 김민수 박정래 김인환

펴낸곳 서해문집 | 출판등록 1989년 3월 16일(제406-2005-000047호)
주소 경기도 파주시 광인사길 217(파주출판도시)
전화 (031)955-7470 | 팩스 (031)955-7469
홈페이지 www.booksea.co.kr | 이메일 shmj21@hanmail.net

ISBN 979-11-94413-63-9 03670